微言集

WEI YAN JI

陈利浩　著

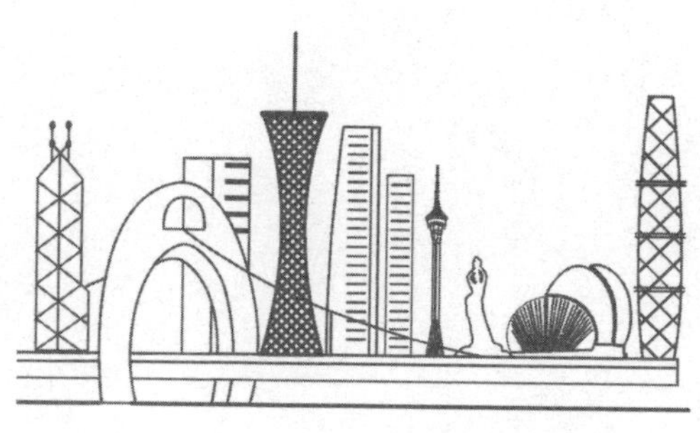

中国文史出版社

序

陈利浩同志的议政建言文集《微言集》出版在即，索序于我。我与利浩同为九三人，相交十余年，敬重其人其事，因此很乐意应命。孟子说过，“读其书，不知其人可乎?”所以，这里就说说我所认识的陈利浩吧。

利浩是成功的科技型民营企业家。高科技上市公司董事长、“中国软件和信息服务业十大领军人物”、“全国优秀企业家”等诸多头衔和荣誉称号，足证他在科技创新和产业报国方面的作为贡献。

利浩又是知名的慈善公益人。多年来，国家有大灾如非典、汶川地震、新冠疫情、河南水灾等，他几乎无役不与，慷慨奉献。帮助弱势群体，如扶贫、济残、助学等义举，于他更是经常之事。在温州动车事故后，他转发微博向坚持“救人第一”的特警队长致敬并帮助获救的小伊伊；他为“刻章救妻”的主人公廖丹捐款换取法院判处缓刑；他个人出资为有关“救人被赖”案件兜底以避免“见死不救”等。他因此广为社会赞誉，并多次获得“中国慈善榜样奖”“中国公益节年度公益人物”等公益大奖。

我更要强调，利浩还是一位非常优秀的政协委员和九三学社社员。这样说是基于，他很好地履行了自己的政治职责，议政建言成就卓荦。

一是勤于思考，敏锐多产。利浩以高度的责任感和使命感积极参政议政，无论是在省市政协还是九三学社，他都是议政建言的重要骨干和建言大户。这本《微言集》中收入的 55 篇文章，就是他近十余年的主要思考和建言成果，读者不难从中看出他的有心善思和文字之健。

二是眼光超前，见解深刻。利浩常能抓住当下关系国家战略推进和经济社会发展的重要问题，提出较具前瞻性、操作性，切实管用的意见建议。举两个我印象较深的例子：

早在2008年，利浩就向珠海市和广东省提出应对气候变化，发展低碳经济的建言，促成了横琴低碳试验区的设立。同年他又向九三学社中央提交了有关低碳发展的战略和政策的8点建议。正是在此基础上，当时九三学社中央的韩启德主席连续数年围绕这一主题率队开展大调研，向党和国家提出系列建议，2011年九三中央关于低碳发展的提案亦被选为全国政协“一号提案”，为我国发展低碳经济和相关政策制定作出直接贡献。

2013年他建议，借鉴证券监管部门用信息系统监控资本市场的方式，建立“公职人员财产名单管理”制度，对需监管公职人员的财产存量和变动情况实施有效监控。九三中央据此形成的全国政协发言，得到时任中纪委书记王岐山同志充分肯定，中纪委在提案答复中表示：建议对于完善公职人员财产申报制度很有借鉴意义，将在今后工作中进一步研究论证和加以吸收。

类似的例子还有许多，比如收入本书的《完善宪法对基本经济制度的规定》《用信息技术提升民主权利实现水平》《通过现代企业制度的公司架构加强党对国有企业的领导》《重视和消除产权保护中的“非制度因素”》《科技型企业减税三策》《粤澳深度合作“澳门新港”建设是关键》等篇，都是思虑较深、智慧有见的好建言。

三是成绩显著，影响较大。问题抓得准，对策水平较高，利浩的建言不少得到党和政府的采纳，为相关问题的解决起到积极推动作用。在珠海，他向市委、市政府提议开展“金点子，亮珠海”活动，向全国和市民征求对珠海科学发展和建设幸福珠海的建议。意见得到采纳并大获成功，成为珠海社会参与治理的品牌。在全国层面，特别典型的一件事是，2012年利浩因廖丹救妻案看到社会保障制度的缺失，呼吁对廖依法轻判，并“尽快建立、完善大病医疗救助制度”。6天后国家领导同志即表态"下决心推动大病医保"，1 个月后国家发改委等 6 部门下发大病医保指导意见，廖丹也被法院从轻判缓。此事当然不能都归功于陈利浩一人，但他的大声疾呼无疑起到了重要的推动作用。

四是言行一致，身体力行。利浩的建言与行动是紧密结合的。作为国内低碳经济较早倡导者，他积极示范、宣传推动，如带头促成珠海市政协委员骑自行车赴会而且形成传统，在广东省两会会场向代表委员分发自编《低碳 100》宣传册，建设"低碳 100"网站宣介低碳生活等，他因此获评"中国十大低碳公益人物""低碳中国企业领袖"等称号。他多次建言利用信息技术推动社会治理进步，为此在自己的远光公司投入大量资源，开发"智慧党建"、"智慧政务"、"智慧社区"以及"九三社员之家"等创新应用程序，以求实现理想。在不断为发展民营经济、保障民营企业家权益鼓与呼的同时，他积极投身民间商会和新的社会阶层人士联合会等社会组织工作，热心为民企和新阶层人士服务。

总之，我想把陈利浩称为中国政协委员和民主党派成员的优秀代表应该不是溢美。他在全国统一战线系统和九三学社多次受到表彰（就在上周，他又入选了中央统战部表彰的"为全面建成小康社会作贡献"先进个人），实在是情理之中。这里不妨再说一事：2013 年，韩启德主席曾致信时任全国政协主席俞正声同志，建议宣传表彰像陈利浩这样的先进典型。俞主席为此指示人民政协报社开展"如何当好政协委员"大讨论，讨论以利浩的《我是这样当政协委员的》开篇，将他作为政协委员的榜样。

2014 年，九三学社首次评选十位"九三楷模"，利浩名列其中，获奖词如是评价："他用特立独行的方式传递着绵绵不绝的正能量，用充满智慧的行动推动着社会发展进步。"我觉得这两句话，最能概括利浩的特质和杰出。而他所以能够书写如此精彩不凡的人生篇章，我以为除了他的聪明才智，更重要的是他拥有特别强烈的家国情怀和服务社会的精神追求。他曾说："虽然我是一个非公经济企业家，但本质上更是一个知识分子，公司做得不错固然能让我自得，但在党派做的事对我而言更有意义，更有益于社会和旁人。我一定以百倍的努力继续工作，报答党派，报答社会，也追求自己内心的满足和安宁。”在他的身上，特别充分地体现了我们九三学社“爱国、民主、科学”的优良传统，体现了中国统一战线成员对中国特色社会主义的深刻认同并为之倾力奉献的优秀品质，很值得我们大家向他看齐和学习。

说了上面这些，回到本书上来。阅读书稿，颇有亲切之感，因为这些文章很多我都是最早读者之一，有的还曾与他往返讨论过，还有不少转化为九三中央的参政议政成果。但我更看重本书所具有的价值。作者自谦，名为“微言集”，然而微言不微，大义存焉。一方面，书中探讨的一些我国经济社会发展进程中的问题仍然存在，因而相关的思考和意见建议，在当前乃至今后一个时期仍然具有现实意义，完全可以继续运用于各种履职建言工作之中。另一方面，如我上面所述，利浩的议政建言可供学习借鉴之处很多，因此，作为他的心血汇集和履职实录的本书，其实又是一本如何做好议政建言工作的参考书。读其书，当能让从事人民政协和民主党派工作以及其他关心国家发展进步的同志们从中获得启发，汲取智慧，提高议政建言的能力和水平，更好履行政治职责，从而为发展中国社会主义协商民主和实现中华民族伟大复兴贡献力量。我以为，本书最大的意义应该就在这里。

是为序。

全国政协副主席
九三学社中央常务副主席 邵鸿

2021年12月9日于北京

目　　录

第 一 辑

第 二 辑

第　一　辑

关于应对气候变化、发展低碳经济的几点建议[①]

2008 年 7 月 20 日

在中共中央政治局 2008 年 6 月 27 日就“全球气候变化和我国加强应对气候变化能力建设”进行的专题学习会上，胡锦涛总书记强调：“必须以对中华民族和全人类长远发展高度负责的精神，充分认识应对气候变化的重要性和紧迫性，坚定不移地走可持续发展道路，采取更加有力的政策措施，全面加强应对气候变化能力建设，为我国和全球可持续发展事业进行不懈努力。”同时还明确指出：“要强化能源节约和高效利用，积极发展循环经济、低碳经济。”昭示了我国在应对气候变化、发展低碳经济上的立场和决心。现就有关战略定位、法规政策等问题提出以下建议。

一、战略定位

为应对气候变化而于 1992 年颁布的《联合国气候变化框架公约》，被称为与《联合国宪章》和《世界贸易组织协定》具有同等意义的、

① 2008 年初，我在珠海市政协提出《率先申办低碳经济示范区》的提案，时任九三学社中央常务副主席陈抗甫到广东了解后，要求我从广东和全国的角度建言献策，本文即为向九三学社中央提出的建议。社中央领导高度重视，韩启德主席连续四年围绕低碳发展进行调研，并向中共中央、国务院提出系列建议。“低碳”成为九三学社参政议政的品牌。

世界各国必须遵守的三个基本规则之一。以此为基础，应对气候变化，发展低碳经济越来越成为国际组织、各国政府和科技、企业、金融、服务等各界共同关注的热点。2008 年世界环境日的主题就是“转变传统观念，推行低碳经济”。

人类文明的历史演进，经历了原始文明、农业文明、工业文明三个阶段。传统的工业文明崇尚“人类征服自然”，自然资源和生态环境遭到了不同程度的破坏，人类的生存与发展日益受到生态环境恶化的根本威胁。因此，以“人、自然、社会和谐发展”为特征的生态文明成为整个人类的共同选择。而低碳经济的特征就是低能耗、低排放、低污染，就是人类活动和环境、资源的协调一致，因此，不但应对气候变化必须发展低碳经济，人类社会的可持续发展也必须发展低碳经济。如果说在工业文明时代，对应的经济增长模式主要是忽视资源环境代价的粗放型发展模式，那么，在生态文明时代对应的经济增长模式就应该是低碳经济。

中共十七大明确阐述科学发展观的“基本要求是全面协调可持续”，首次提出“建设生态文明，基本形成节约能源资源和保护生态环境的产业结构、增长方式、消费模式”，显然，作为一种国际通行的理念，低碳经济与建设资源节约型、环境友好型社会，建设生态文明，在方向上是完全一致的。但是，由于中国作为发展中国家在《京都议定书》第一承诺期即 2012 年以前不需向国际社会承诺温室气体减排的义务，有些观点认为应回避提及“低碳经济”，在一定程度上对倡导和发展低碳经济构成了思想障碍。

我们认为：不对外承诺量化的减排温室气体的指标，不等于不能在国内提倡和实行减排。在国际谈判中争取发展空间，与在国内转变经济增长模式、发展低碳经济是不矛盾的。不论是中国自身可持续发展的需要，还是为全球应对气候变化做贡献，发展低碳经济将是大势所趋。未来的国际技术、经济的竞争很可能是低碳技术、低碳经济的竞争，谁能超前部署，就能赢得先机。

我们建议：加快研究制定国家低碳经济发展战略，把应对气候变化、发展低碳经济作为落实科学发展观的重要内容，写入中共的有关文件和政府工作报告，以统一全党认识，指导全国工作。

二、谈判立场

按照《京都议定书》规定的“共同但有区别的责任”，中国和其他发展中国家一样，在2012年以前（第一承诺期内）都不需要承诺量化的减排指标。

2012年以后的“第二承诺期”内温室气体减排责任的谈判已于2005年启动，并将于2009年在哥本哈根达成协议。“第二承诺期”的最大特征，就是发展中国家将开始部分承担减排温室气体的责任。我们认为，基于以下几方面的原因，中国在“第二承诺期”内应该向国际社会做出一定的减排承诺：

（一）应对气候变化的急迫性。2007年11月，政府间气候变化专门委员会（IPCC）来自100多个国家的2500多名科学家再次研究并表明“由人类活动所主要导致的气候系统变暖是确凿无疑的”，如果不立即采取措施，对人类生态的破坏将是不可逆转的。早期还部分存在的关于气候变化的“科学上的不确定性”已经消除。

（二）美国态度的转变可能。美国在2001年由于“科学上的不确定性”和“中国、印度没有承诺减排义务”而退出了《京都议定书》，但之后的态度正在逐步转变。今年以来，美国国会参众两院都在加紧为气候变化立法，布什的立场也开始松动。今年7月8日的八国峰会上，包括美国在内的八国首脑一致同意了在2050年前的减排50%的目标，今年底美国政府换届后有很大可能将批准《京都议定书》。果真如此，则发展中国家关于“发达国家率先减排”的要求已经达到，发达国家自然会转而要求发展中国家，特别是中国做出一定程度的承诺。

（三）中国的排放地位。中国一直被认为是仅次于美国的第二大排放国，最近一项荷兰的报告更已将中国列为最大的排放国（约占全球总量的24%，高于美国的21%）。无论是第一还是第二，中国做出一定的减排承诺是解决全球气候问题的重要前提。正如英国前首相布莱尔向今年 7 月的八国峰会所指出的："即使美国实现最大胆的减排目标，若中国仍保持其目前的发展道路，而印度紧随其后，气候仍会遭受不可逆转的损害。"而受气候损害影响最大的将是包括中国在内的发展中国家。

（四）对国内的影响。如果我国继续不对国际社会进行某种程度的承诺，容易导致"既然对外没有承诺，对内也不用着急"的想法，难免会对国内的发展循环经济、低碳经济和节能减排工作造成一定的思想障碍和实质影响。

因此，我们建议：为了对全球应对气候变化做出贡献，为了展现中国作为一个负责任的大国的形象，提升国际形象和国际竞争力，为了推动国内经济的转型和可持续发展，建议我国在气候谈判中对第二承诺期内的减排责任做出一定的承诺。至于承诺方式，可以在保证我国的发展空间的前提下精心设计，主要是"把自己本来就准备做的事对外承诺"。

做出并履行承诺，会在某种程度上影响 GDP，但是：

1. 影响值不大。按照《斯特恩报告》（世界银行首席经济学家）的结论，发展中国家以 GDP 的 1% 发展低碳经济，就可以避免 5% 到 20% 的 GDP 损失。我国经济学家的测算也得出了相近的结论。

2. 所影响的是包括了排放、污染在内的 GDP，折算成绿色 GDP 后会更小。

3. 这种影响，并不仅仅是因为对外承诺本身造成的，更多的是按照科学发展观，走可持续发展道路所无可避免地要付出的代价。

4. 考虑最坏的结果：做出了承诺，最后不能完全履行，也好于不做任何承诺，长期遭受国际社会压力，损害国家形象，影响可持续发展。

三、市场机制

《京都议定书》的生效，为全球创造出了一种新的商品：温室气体排放权。排放权交易在国际市场发展很快。中国作为发展中国家，在 2012 年之前不承担具体的温室气体减排指标，并可以通过"清洁发展机制”（CDM），向发达国家出售排放额，在降低本国排放的同时获取对应的收益。中国现已成为世界上最大的碳排放权供应国，交易量份额已占全球的近40%。应该充分利用这一大好的机遇，发挥市场机制的作用，迅速拓展实施CDM的能力。我们的建议是：

（一）在CDM项目开发的早期，项目审批权集中于国家发改委是必要的。经过几年的实践，国内已有部分机构、公司和协会具备了开发、实施、审核CDM项目的能力，CDM项目的数量也越来越多；而且，CDM的性质不属于关系国计民生的“价格管制”项目。如果仍然把审批权集中在国家发改委，难免影响效率和发展。建议将CDM项目的审批权限适当下放，每个项目按照原有的按投资额和投资来源的权限进行审批，并报国家发改委备案，充分发挥中介机构和市场机制的作用。

（二）建立排放权交易市场，将有利于促进CDM在中国的实施，减少国内企业的搜寻成本和交易成本，还将强化国内企业的交易意识，增强在国际碳交易定价方面的话语权。目前，国务院已经批准天津滨海新区“建立清洁发展机制和排放权交易市场”，建议未来数年内逐步地在华南、华东也建立类似的市场，并建立健全有关的法规和制度。以CDM项目起步，逐步扩展到国内地区、企业之间的排放权交易，培养在2012年后的新的国际排放市场的竞争能力。

四、试点先行

在某个地区先行先试应对气候变化，在国际上有成功的先例，典型的如美国加州。加州是美国人口最多、经济实力最强的州，一直坚持体制创新，其法规、政策常常被其他州和联邦政府借鉴。半个世纪以来，加州是美国乃至世界的应对气候变化的先锋，受到了广泛的好评，成为其他州纷纷仿效的对象，为联邦政策的制定提供了依据。

国内的上海和保定，也已在“世界自然基金会”的资助下，于今年初开始进行“低碳城市”的试点。

建议作为国家行为，设立“低碳经济示范区”，类似于当年的经济特区。主要作用是：

（一）试行有关法规、政策，包括“气候变化税”、财政补贴、进出口优惠措施等。

（二）吸收发达国家的资金和技术。按照《京都议定书》，在应对气候变化中，发达国家必须向发展中国家转让资金和技术以发展低碳经济，到2007年底全球已有50多家金融机构加入“气候变化投资网络”，总投资额达13万亿美元。低碳经济示范区可以相对集中地吸引发达国家的资金和技术。

（三）推动产业升级，建立现代产业体系。低碳经济示范区将形成产业聚集效应，吸引各种与低碳经济有关的高端研发、高端制造业、高水平的服务业，推动低碳能源技术、交通运输技术、建筑技术、材料技术等的研发和产业化。

（四）进行低碳城镇、低碳建筑、低碳交通运输、低碳综合生活方式的示范。

（五）机制、模式创新，如针对性的技术推动模式，建立包括定价机制、监管标准在内的市场激励机制的市场拉动模式等。

（六）作为气候变化影响和适应措施的高标准中心，可能成为碳排放权交易的洽谈和交易中心，成为“气候交易所”的所在地，从而推动金融创新。

（七）促进进出口的增长。低碳经济示范区可以通过消除在低碳产品、服务上的贸易壁垒来促进高附加值贸易，立足区内，辐射全国，推动低碳技术、产品、服务的进出口。

低碳经济示范区应具备经济实力、环境基础、对外交流的便利、土地储备、思想和队伍基础等条件，省份如广东、福建，城市如珠海，可供选择。

五、税收杠杆

以税收杠杆保护环境是世界各国的通用做法。而在我国现行财税体制中，没有针对能源消耗和环境保护的能源税或环境税。近几年，国内对于“能源税”已经进行了不少的探讨和测算。能源税是向能源消费者征收的，其税基是消费者所使用的化石燃料（煤炭、石油、天然气等），其作用是抑制化石燃料的消费，其目的是为了减少使用化石燃料而导致的二氧化碳排放，应对气候变化。实质上就是环境税。

由国家发改委能源研究所、财政部财政科学研究所、清华大学历时三年进行的《中国能源税体系设计和实施方案研究》于今年6月完成。其结果显示，当税率为50元/吨标煤时，能源需求量将下降6.3%，约节能1.26亿吨标煤；税率为120元/吨标煤时，能源需求量将下降16.2%，约节能4亿吨标煤，节能减排的效果非常明显。当然，征收能源税也会对GDP产生一定的负面影响，但上述研究的结论是“影响相当有限”，仅为0.4%左右。

我们建议：（一）为避免与能源税性质相近的“燃油税”的作用只被人理解为“取代养路费”，而忽视了更为重要的“环境税”的情况，对能源税要强调应对气候变化的实质，建议将名称改为“气候变化税”；（二）从以消费的化石燃料的能量作为税基，逐步地过渡到以排放的二氧化碳等温室气体的当量为税基，与国际通行的“碳税”一致；（三）如果考虑到抑制通货膨胀等因素，近期内不能开征，也应开始“模拟运行”，让全社会清醒认识到排放成本，从思想上先实现“外部成本内部化”。

能源税（气候变化税），其目的不是扩大税基、增加财政收入，而是为了提高能效、降低排放。因此，收取的税金原则上应该通过补贴、基金等方式返还给相关行业。

六、财政激励

在应对气候变化、发展低碳经济的过程中，特别是起步阶段，必须由国家进行相当强度的财政激励，我们建议采用以下方式：

财政补贴，又可分为面向能源生产者的补贴和面向能源消费者的补贴。前者如对可再生能源的补贴，如风电、太阳能等；后者如对低收入家庭的补贴、对消费者购买特定节能设备（如节能冰箱、空调等）的补贴。在美国、日本和欧洲，这是常见的做法，我国也已在部分地区实施了对购买节能灯的补贴。

税收减免，如对符合规定要求的节能技术和设备减免所得税，对特定节能设备加速折旧，对达到预定节能目标的企业或行业减免税收等。如在日本，可对近200种的工业部门节能设备，在企业所得税中扣除部分购置费，并可在普通折旧的基础上，按购置费的30%加速折旧。

贷款优惠及担保，即对节能项目提供低息贷款或贴息贷款，并提供担保，已有20多个国家实施。如日本，可对近100种设备，由政府进行20%～30%的贴息，并通过专项准备金提供担保。

以上财政激励的来源大致有两类：

财政拨款，用于国家节能技术研究开发和示范项目、企业节能贷款贴息和担保、低收入家庭节能补贴、节能政策法规研究制定、企业能源审计、能效标准标识制定和实施、节能信息服务、节能宣传教育、政府机构节能等。世界上已有30多个国家把节能列入公共财政预算。

气候变化基金，用于资助节能和可再生能源技术研究开发、投资节能项目、补贴低收入家庭等。世界各国的气候变化基金的来源，有的通过征收电力附加费（如美国），有的通过成品油税收（如泰国），有的通过气候变化税（如英国的碳基金）。根据我国的实际情况，在能源税（气候变化税）开征以前，应由国家财政拨款，开征之后则应将能源税（气候变化税）的大部分甚至全部转入气候变化基金。

上述建议中的部分内容虽已有实施，但是，来源、名称不一，强度较低，综合效果不够理想。因此，建议由国家财政部统一发布，由国务院应对气候变化管理部门组织实施、检查和评价，以保证效果。

七、能力建设

能力建设应从两方面着手：低碳技术、低碳经济的研发能力和实施能力；对气候变化的适应能力。

低碳经济的核心是技术创新。这一领域的核心技术主要是低碳的能源技术、建筑技术、材料技术、交通运输技术、环保型农业技术等，我国已和发达国家有一定差距。为了在未来全球经济发展中掌握主动，不受制于人，必须自主创新。按照国家有关部门的统计，我国现有在这一领域的科研人员仅有上千人，而且大部分着重于气候变化，而不是低碳经济。在高等院校的专业设置中，除了清华大学于今年6月成立的“低碳经济研究院”，其他院校都没有低碳经济的专业。建议国家有关部门明确要求重点院校增设低碳经济专业，加大人才的培养力度。

气候变化使极端天气、气候事件发生的频次和强度增加，许多强度大、突发性的重灾、大灾和巨灾都可能发生，今年年初的冰灾就是例子。因此，建议有关部门打破常规，加强对历史上不曾出现的灾害性天气的监测、预测和预警，制订应对方案，避免重大损失。

八、全民参与

低碳经济的发展，与全体公民的意识和行为密切相关。建议通过学校教材、媒体宣传、科普活动等各种方式，普及气候变化及应对措施、低碳技术和低碳经济的相关知识。要提倡公民个人、家庭的“碳预算”“碳平衡”，养成低碳的生活方式和消费方式，并监督、劝阻各种浪费行为和违法排放。

通过植树增加“碳汇”和通过节能生活方式减少碳排放，都是应对气候变化的积极措施。因此，建议将每年3月12日的“植树节”改名为“植树和低碳生活节”，除了继续鼓励全民植树、绿化，还号召党政机关、企事业单位和公民在这一天尽量使用公共交通工具、自行车或步行，关闭城市的景观灯光，停用其他不必要的照明和设备，以培养全体公民的低碳生活方式和消费模式，并起到统一和规范部分地区试行的“无车日”的作用。

综上所述，应对气候变化、发展低碳经济将是我国政治、经济、社会各方面在今后若干年内必须面对的重大课题。作为参政党，九三学社愿发挥广大社员的聪明才智，以科学精神积极探讨研究、建言献策，为实现我国的科学发展、为中华民族崛起在生态文明的世界之林而努力。

创新发展模式，建设“低碳广东”[①]

2008 年 9 月 21 日

在中共中央政治局就“全球气候变化和我国加强应对气候变化能力建设”专题进行的集体学习会上，胡锦涛总书记强调：“必须以对中华民族和全人类长远发展高度负责的精神，充分认识应对气候变化的重要性和紧迫性，坚定不移地走可持续发展道路，采取更加有力的政策措施，全面加强应对气候变化能力建设，为我国和全球可持续发展事业进行不懈努力”，“强化能源节约和高效利用，积极发展循环经济、低碳经济”。广东省委、省政府发布的《关于争当实践科学发展观排头兵的决定》也指出：“必须创新发展模式。忽视资源环境代价的粗放型发展模式，已经难以为继。要改变对传统工业化模式的依赖，尊重自然规律、科学规律和经济规律，加快转变发展方式，努力走出一条生产发展、生活富裕、生态良好的文明发展道路。”

低碳经济作为国际公认的应对气候变化、实施可持续发展的经济形态和增长理念，高度符合科学发展观。我们建议：广东应抓住先机，率先试办“低碳经济示范省”（以下简称“示范省”），探索和创新发展模

① 这是我用普通的 EMS 寄给时任中共中央政治局委员、广东省委书记汪洋同志的建议。寄出后不到十天，广东省委政研室主任就给我来电，告知汪洋书记批示要求政研室牵头调研，向省委、省政府提出建议。政研室让我为省属部门进行专项辅导。后来，汪洋书记又在调研报告上批示，并亲自向国家发改委争取，使广东成为全国的“低碳示范省”。

式，推动产业升级和转型，提高广东的国际竞争力，推动广东的社会经济向着人类文明的更高级形态发展。具体内容如下：

一、发展“低碳经济”是全人类的共同选择

由传统发展模式所导致的气候变暖、生态恶化、能源短缺是人类共同面临的严峻挑战。为此，1992 年签署的《联合国气候变化框架公约》，被称为自《联合国宪章》和《世界贸易组织协定》之后第三个具有深远影响的、为世界各国广泛接受的全球性条约。随着科学认知的深化，应对气候变化越来越成为国际政治、产业、技术、投资、贸易等各个领域的热点，低碳经济越来越受到国际组织、各国政府和科技、企业、金融、服务等各界的共同关注。2007 年的达沃斯世界经济论坛已经把应对气候变化作为压倒一切的主题，2008 年世界环境日的主题就是“转变传统观念，推行低碳经济”。从战略和科技层面看，未来的国际经济竞争很可能是低碳的竞争，谁能超前部署，就能赢得先机。

中国在应对气候变化方面一直持非常负责、积极的态度。2007 年 9 月，胡锦涛主席在亚太经合组织会议上代表中国政府提出四项建议，明确主张“发展低碳经济”，还数次提到研发和推广“低碳能源技术”“增加碳汇”“促进碳吸收技术”等，举世瞩目。温家宝总理亲自担任国家应对气候变化及节能减排工作领导小组组长，并主持制订、发布了《中国应对气候变化国家方案》，成为发展中国家的楷模。“十一五规划”明确提出了单位 GDP 能耗降低 20%、主要污染物排放降低 10% 的约束性指标，使节能减排成为各级政府工作的重中之重。今年以来，我国新一届政府成员在很多场合都鲜明表达了发展低碳经济的观点。国家环境保护部部长周生贤指出：“低碳经济是以低耗能、低排放、低污染为基础的经济模式，是人类社会继原始文明、农业文明、工业文明之后的又一大进步。其实质是提高能源利用效率和创建清洁能源结构，核心是技术创新、制度创新和发展观的转变。发展低碳经济，是一场涉及生产模式、生活方式、价值观念和国家权益的全球性革命。中国发展低碳经济，顺乎世界潮流，合于中国国情，是落实科学发展观、实现可持续

发展的必由之路。”本建议开头处引述的中央政治局学习内容和胡锦涛总书记的重要讲话，更昭示了党中央领导集体在应对气候变化、发展低碳经济上的坚定立场和决心。

按照《联合国气候变化框架公约》“共同但有区别的责任”原则和《京都议定书》的有关规定，中国在《京都议定书》第一承诺期即2012年以前不需向国际社会承诺温室气体减排的义务，我国政府也将在今后的谈判中继续争取我国作为发展中国家的发展权益，但这与我国发展“低碳经济”并不矛盾。一方面，正如国家科技部部长万钢所说：“不论是中国自身可持续发展的需要，还是为全球应对气候变化做贡献，转变经济增长方式，发展以低能耗低污染为基础的‘低碳经济’将是大势所趋。”另一方面，中国作为负责任的大国，正如国务委员马凯指出的：“中国作为发展中国家不承担量化的减排温室气体的指标，但这不等于中国不承担应尽的国际义务和责任。”

二、有关的先例和建议

在某个地区率先开展应对气候变化的示范，在国际上有成功的先例，典型的如美国加州。加州拥有3500万人口，是美国人口最多的州；加州的经济产出为1.3万亿美元，经济实力为美国最强，在世界排名第五。历史上，加州一直坚持体制创新，其法规、政策常常被其他州和联邦政府借鉴。半个世纪以来，加州是美国乃至世界保护环境、应对气候变化的先锋。20世纪40年代，加州建立了美国第一家大气污染监管机构；50年代首次限制工业排放；60年代制定第一个尾气排放标准；70年代制定第一个电器能效标准；80年代率先向风能的有效利用提供重要支持；90年代制定第一个强制性政策，生产零排放和混合动力的高新技术车辆。2006年8月，加州率先通过了《全球温室效应治理法案》（*Global Warming Solutions Act*），对温室气体的排放做出了明确的规定，并引入“市场机制”，如允许进行排放量交易，如果企业减少温室气体排放量成本过高或无法克服技术困难，可以从其他公司或其他地方购买减排指标。加州的做法，受到了广泛的好评，为美国其他州纷纷仿效，同时也使加州的外来投资和经济发展有了明显的增长。

2007 年，中国社会科学院城市发展与环境研究中心、发改委能源研究所和英国皇家国际事务研究所等全球一流的研究机构，联合进行了“中国与欧洲能源和气候安全相互依存性”的创新性课题研究。在 2008 年 3 月发表的研究报告明确向中国和欧盟成员国政府建议：在中国经济繁荣的东部和欠发达的西部，探索建立特区性质的低碳经济示范省（区），使之成为中国低碳化工业进程的国际典范，从而显示低碳经济的勃勃生机，其意义不亚于当年的经济特区。

全国政协委员、国家环保部副部长吴晓青也向中央正式建议：“积极构建‘低碳经济发展区’，在东部发达地区和国家重点能源基地，选定典型城市进行试验试点，寻求我国的低碳经济发展之路。”

三、广东试办“示范省”的有利条件

（一）改革开放三十年来，广东积累了比较雄厚的物质技术基础，经济总量、财政收入、外贸进出口等主要指标连续多年位居全国第一，有着发展低碳经济的坚实的经济基础。

（二）应对气候变化需要世界眼光和创新视野，广东是改革开放的先锋、理论创新的热土、思想解放的勇士，拥有发展低碳经济的思想基础。

（三）发展低碳经济，需要广泛的国际合作，广东毗邻港澳，有着广交会的窗口等对外交流的不可替代的优势。

（四）经过多年培育，广东市场经济发育比较成熟，市场秩序比较良好，体制、机制与国际接轨程度相对较高，具备发展低碳经济的市场基础。

（五）广东的干部队伍、科研队伍和人民群众，眼界开阔、敢闯敢干、开放进取、求真务实，有着发展低碳经济的人才、干部和群众基础。

（六）低碳经济是全方位的，涉及国民经济的各个产业部门和生活消费。广东的工业门类较为齐全，有着发展低碳经济的产业基础。特别是广东拥有海洋能、太阳能、风能等可再生能源的丰富资源，核电发展也位于全国前列，适合作为低碳能源、产业和消费的创新示范。

（七）低碳经济在经济发展的不同阶段有着不同的内容，这正是中、欧专家建议要在经济繁荣的东部和欠发达的西部设立两个低碳经济示范省的原因。广东的珠江三角洲和“粤东西北”地区处于梯次的经济发展水平，可以进行不同级别的示范。

四、“示范省”给广东可能带来的机遇

低碳经济所体现的是可持续的经济形态和增长理念，先行一步试点、示范的地区一定能获得较大的机遇，主要体现在：

（一）政策效应。可能得到国家政策的支持，形成“政策洼地”，吸引国内外的资金、人才和技术等要素，类似于当年的经济特区。

（二）资金和技术转让效应。按照《京都议定书》，在应对气候变化中，发达国家必须向发展中国家转让资金和技术以发展低碳经济，转让的速度、规模和范围都在迅速地扩展。如到 2007 年底全球已有 50 多家金融机构加入“气候变化投资网络”，总投资额达 13 万亿美元。“示范省”应能成为“气候变化投资”的重点，如英国和欧盟已表示其与中国在能源和气候方面的合作将着重在低碳经济示范省内进行，并将集中在广东、浙江两省。

（三）产业升级效应。广东正在推进产业和劳动力的“双转移”，发展现代产业体系。低碳经济，正是产业转移、升级的契机。“示范省”将形成产业聚集效应，吸引各种与低碳经济有关的高端研发技术、高端制造业、高水平的服务业，推动低碳技术的研发和产业化，展现低碳经济的活力。

（四）管理模式创新。“示范省”能够先行一步尝试先进的管理模式。如政府与企业通过针对性的研发投资实现向商品化转变的技术推动模式，以及建立包括定价机制、监管标准在内的市场激励机制的市场拉动模式等。

（五）“示范省”还可建设成为气候变化影响和适应措施的高标准

中心，汇集有关气候变化影响的专业知识以及对必备技术的研究开发。在此基础上，还有可能成为碳排放权交易的洽谈和交易中心，成为“气候交易所”的所在地，从而推动金融创新。

（六）进出口增长效应。发达国家试图以中国未承诺碳减排设置新的贸易壁垒，而“示范省”可以促进低碳产品、服务上的贸易，推动低碳技术、产品、服务的进出口。

有专家预言，中国有可能成为世界最大的碳交易市场、最大的环保节能市场、最大的低碳商品生产基地和最大的低碳制品出口国。先行一步的“示范省”一定能从中大大受益。

五、“示范省”建设的基本思路和主要内容

“示范省”的建设，建议从城乡消费、产业、机制三个层面来考虑。省委、省政府已经确定“大力推进生态文明建设，促进人与自然和谐发展，努力改善城乡人居环境，构建资源节约型、环境友好型社会，打造宜居广东，使人民在良好生态环境中生产生活”，把这些措施纳入到国际公认的低碳经济的体系下，进一步细化、丰富，就能使“示范省”成为广东的一张崭新的、切合国际投资热点的地区名片，从而在产业层面吸引国内外的技术、人才、产业和资金，逐步形成聚集效应，达到优化产业结构、发展现代产业体系的目的。机制层面，则需争取政策，创新投资和金融体制，建立、引入有关的交易机制等。初步设想的内容如下：

（一）城乡消费层面

能源：鼓励采用低碳能源，如太阳能、风能，提高燃气普及率，加快实现公交车的燃气化。

绿化：落实“逐步提高生态公益林补助标准”的政策，提高城乡绿化率，增加碳汇。

交通运输：提倡低碳的交通方式，鼓励城乡居民提高公交出行比率，短途交通提倡用自行车，严格规定私人汽车排放标准。

家居与建筑：提倡节能家电和低能耗住宅，逐步推广住宅区能源管

理系统，进行碳排放信息的管理。

物流：提高利用物流比率，发展减排物流路线，提高物流效率。

居民：提倡低碳的生活方式和消费方式，试行个人碳预算。

企业：制订减排规划，公布减排信息，提倡企业减排的社会责任。

建议在省内选择生态环境良好、产业水平较高的城市（如珠海）作为“低碳经济示范市”，展示低碳经济和低碳城市的魅力，并进行“低碳新城镇”的建设。

（二）产业层面

低碳的能源产业：可再生能源及其他新能源（如海洋能、风能、太阳能、生物质能、水能、核能）；高能效的热电技术（如电厂的超临界机组）；清洁煤技术（如 IGCC 和煤转换技术）；碳捕获和储存等技术；更高排放标准的液态运输燃料。

低碳的建筑产业：如保温建筑材料、“近零能耗”住房建筑技术等。

低碳的交通运输产业：低排放、零排放的交通工具的研制和生产；同时满足城市和乡村需求的替代运输模式的研究等。

其他新型、高效的低碳实用技术：如生物技术、纳米技术和高级材料的利用等。

应用低碳技术对传统工业的改造：在能源、冶金、石化、造纸等行业都有较为成熟的技术和众多的成功案例，世界环保组织统计的在低碳经济上效果显著的前几名企业就是化工、造纸等。

低碳农业，低碳旅游服务、餐饮服务等服务产业。

低碳技术、商品、服务的交易和出口。

排放权交易产业：“清洁发展机制”（CDM）产生的减排量，已经进入排放权交易市场获取收益。如广州兴丰垃圾填埋场在 2007 年利用垃圾经营甲烷发电项目，预计到 2012 年将使二氧化碳排放量减少 500 万吨，这部分排放量由一个英国公司购买，价值高达 5000 万美元。排放权交易将是一个年交易额逾百亿美元且增长十分迅速的产业。

在“粤东西北”地区的产业体系建设上，要发挥低碳经济“低能耗、低污染、低排放”特点，打破传统路径依赖，高起点、跨越式发展，避免产业发展和排放增长的“锁定效应”。

（三）机制层面

争取国家政策：包括减免税收、财政补贴、进出口优惠等政策。

投资机制：包括风险投资、绿色融资、低碳信贷等。今年6月底在广州举行的“大珠江三角洲地区发展低碳经济论坛”上，来自国内外的银行、基金等金融机构提出了可操作的方案，可供借鉴。

排放贸易机制：2007年全球碳交易市场的额度已经达到640亿美元，比2006年增长超过一倍。中国CDM碳交易所占比例约为一半左右。低碳经济示范省可以争取排放交易平台，建立区内、国内的排放交易市场，争取设立气候交易所。

气候变化税（排碳税）、碳信托基金、价格形成机制等，都可以在低碳经济示范省先行试点。

在机制层面，还要充分利用毗邻港澳的条件，推动在应对气候问题上的粤港澳紧密合作。作为经济外向度最高的省份，广东应面向世界进行战略谋划，进一步拓展我省自主参与全球低碳经济的生产、流通、分配的途径，推动相关产业、服务、贸易领域的国际合作，力争在国际低碳经济产业链中的有利地位。

六、关于“示范省”的申办

回顾改革开放之初，并不是由国家先明确“试办经济特区”，而是由广东“杀出一条血路”，主动向中央申请设立“出口加工区”，最后由小平同志确定在深圳、珠海设立“经济特区”，才有了特区的发展。

目前，发展低碳经济、进行低碳试点的呼声很高，上海、保定也已经在世界自然基金会的资助下开始了“低碳城市”的试点。在珠海于今年3月首次提出“申办低碳经济示范区”的设想后，有近十个城市仿效珠海的思路向国家提出了申请，国家发改委和科技部拟就低碳经济示范区的申办、受理做出具体规定。目前，尚没有省份提出“低碳经济示范省”的试点申办。正如省委、省政府的“决定”所号召的：“以敢为天下先的气魄，闯出一条科学发展的新路，努力争当实践科学发展观的排头兵。”敢为天下先、主动申办“低碳经济示范省”，可以鲜明地表示广东在“提升我国国际竞争力、探索科学发展模式”上的世界眼光和创新视角，可以抢占低碳经济的先机。

原始文明、农业文明、工业文明和生态文明，是人类社会形态进步的四个阶段。三十年前，以“改革开放”为标志，中国社会从农业文明姗姗来迟地步入了工业文明，这一社会形态的特征是人类征服自然，对应的经济增长模式主要是忽视资源环境代价的粗放型发展模式，作为改革开放的试验田和窗口、“杀出一条血路”的广东，从一个农业大省一跃成为全国的经济龙头。现在，中国以“科学发展观”为旗帜，与发达国家需要同步进入生态文明，这一社会形态的特征是人类与自然和谐相处，对应的经济增长模式就是低碳经济。如果广东能以对经济社会发展规律的洞察、强烈的使命感和政治勇气，成为我国首个“低碳经济示范省”，为中国探路，为科学发展先行先试，不但能使广东的经济和社会发展得到一次不亚于“改革开放”的机遇，更是广东对中国、对人类的贡献。

关于率先发展低碳经济的若干问题[①]

2009 年 3 月 31 日

一、低碳经济和生态文明、循环经济、节能减排是什么关系？

（一）生态文明是一种社会形态。原始文明、农业文明、工业文明和生态文明，是人类社会形态进步的四个阶段。工业文明社会形态的特征是人类征服自然，对应的经济增长模式主要是忽视资源环境代价的粗放型发展模式；而生态文明社会形态的特征是人类与自然和谐相处，低碳经济是与之对应的经济增长模式。

（二）低碳经济与循环经济有共同点：注重资源的节约，保护环境，但也有区别：

定位不同。低碳经济是低能耗、低排放、低污染的发展模式，而按照我国循环经济促进法的定义："循环经济，是指在生产、流通和消费等过程中进行的减量化、再利用、资源化活动。"

内涵不同。低碳经济的内涵是：提高能源效率、创新清洁能源结构。循环经济的内涵是：减少资源消耗和废物产生（减量化），废物的重新利用（再利用）和将废物直接作为原料进行利用或再生利用（资源化）。可见，低碳经济中的"提高能源效率"包含在循环经济中，但"创建清洁能源结构"就不包含在循环经济中。

---

① 这是我应邀为《低碳经济论》写的稿件。

背景不同。低碳经济的背景是“应对气候变化”这一全球面对的迫切需求，循环经济则从“垃圾经济”“废物经济”的基础上扩展而来。

最大的不同是国际关注度。发达国家在循环经济上已经很成熟，发展循环经济不容易引起关注，而低碳经济是国际政治、经济、技术、金融、投资各界越来越关注的热点。

（三）节能减排，是发展低碳经济的主要措施，也是低碳经济发展模式的结果。

研究表明，一个国家（或地区）二氧化碳排放量的增长，主要取决于四个方面的因素：人口、人均收入、能源强度（单位 GDP 能耗）和能源结构。中国的人口基数较大，还会继续增长；中国为了满足人们日益增长的物质文化生活的需要，增加人均收入的决心和努力不会动摇，不会以降低人均收入、减缓经济增长来实现控制温室气体排放的目标。因此，只有从降低能源强度和优化能源结构、发展可再生能源这两方面来降低排放，这也说明节能减排是发展低碳经济、应对气候变化的主要途径。

二、率先发展低碳经济，是否会在近期带来很多额外的成本，从而影响地区发展？

率先发展低碳经济、申办低碳经济示范区，目前还没有外部的强制性标准。我国政府对于节能减排的要求是：在“十一五”期间，要把单位 GDP 能耗降低 20%、主要污染物排放降低 10%，这一标准已经非常严格。因此，发展低碳经济的主要思路应该是：把落实科学发展观、完成节能减排目标本来就要采取的各项措施纳入到国际公认的低碳经济的体系下，进一步细化、丰富，使“低碳经济”成为申办地区的一张崭新的、切合国际投资热点的地区名片，从而在产业层面吸引国内外的技术、人才、产业和资金，逐步形成聚集效应，达到优化产业结构、发展现代产业体系的目的。基本不需要额外的成本。即使有一些为了发展低碳经济、申办低碳经济区而特别要付出的代价，考虑到低碳经济对于国际投资的吸引力，这些代价也是值得的。其道理，跟为了吸引外来投资而付出一定的代价建设基础设施一样。

按照世界气候组织对84家企业、36个城市、17家地方政府（这些样本的排放总量占全球的8%）的统计，采用低碳技术、发展低碳经济后，这些样本的企业和地区平均减排超过14%。同时，经营业绩都有不同程度的增长，没有一例是因为发展低碳经济而阻碍增长的。这也跟麦肯锡公司对成熟的低碳技术的研究结论一致：在已经发布的200多种低碳技术中，有超过三分之一的技术是“负成本”的，采用这些技术的收益大于投入。

按照《斯特恩报告》的研究结论，发展中国家以占GDP 1%的代价发展低碳经济，就可以避免占GDP 5%~20%的损失。如中国目前的车辆排放控制比发达国家落后近10年，单车排放污染物为5到10倍，汽油、柴油含硫量均为100倍及以上。采用在发达国家已经广泛应用的成熟技术，就可以取得明显的效果和效益。

三、发展低碳经济，是否会影响对大石化、大炼油等先进制造业的引进？

低碳经济并不限制特定产业，世界级的低碳经济示范企业中就有石化和造纸企业。只要引进的石化、炼油等企业的能耗、排放等在所在行业处于先进水平，就符合低碳经济要求。低碳经济示范区要发展的是先进制造业，具备同行业先进的能耗和排放水平是基本前提。因此，提倡发展低碳经济，只会促进、推动现代产业体系的建设，不会影响先进制造业的引进。当然，对于在同行业中的能耗、排放水平落后的企业的引进，肯定会有限制。

四、发展低碳经济，是否会增加地区的国际义务、“自我加压”？

按照应对气候变化的《京都议定书》，中国作为发展中国家在2012年以前都不需承担二氧化碳减排的义务，2012年以后是否需向国际社会做某种承诺，取决于国际谈判的结果。因此，发展低碳经济或申办低碳经济示范区，至少在2012年以前是不需要承担国际义务的，反而可以通过“清洁发展机制”（CDM）项目，将有关项目减少的减排量出售给发达国家，换来资金和技术。

五、气候变暖是全球问题，光靠一个国家、一个地区发展低碳经济，有意义吗？

气候变暖确实是全球问题，因此也需要全球的努力，以免让人类面临气候危机。这其中包括发达国家和发展中国家，包括全球的各个地区和城市。“独善其身”不可能，“以邻为壑”更不足取。必须按照胡锦涛主席要求的“以对中华民族和全人类长远发展高度负责的精神，充分认识应对气候变化的重要性和紧迫性，坚定不移地走可持续发展道路，采取更加有力的政策措施，全面加强应对气候变化能力建设”，包括发展低碳经济。

但是，对于中国而言，发展低碳经济的必要性，更体现在保护赖以生存的自然环境、保证我国的能源安全。

先来看环境。按照《斯特恩报告》（世界银行首席经济学家），气候变化导致的损失为GDP的5%~20%。据世界银行测算，2006年中国的空气和水污染造成的损失已经占到当年GDP的8%。中科院同期测算的数据表明，环境污染使我们国家的发展成本比世界的平均水平高了7%，环境污染和生态破坏造成的损失占到GDP的15%。中国一直被认为是仅次于美国的第二大排放国，最近一项荷兰的排放报告更已将中国列为最大的排放国（约占全球总量的24%，高于美国的21%）。不发展低碳经济，13亿中国人民的生存环境将日益恶劣。

再来看能源安全。如按照国家发改委能源所和麦肯锡公司的研究结果，如果不提高能源效率、不发展低碳经济、不提倡低碳的生活方式，到2030年，我国的汽车保有量将超过3.5亿辆，比2005年多10多倍。以我国的资源，加上可能的进口，都根本无法满足要求。

因此，即使不考虑气候变化，只从基本生存环境和能源供应安全的角度，低碳经济也是不可避免的选择。正如国家科技部部长万钢所指出的："不论是中国自身可持续发展的需要，还是为全球应对气候变化做贡献，转变经济增长方式，发展以低能耗、低污染为基础的'低碳经济'将是大势所趋。"

六、发展低碳经济，会不会涉及碳排放标准？低碳经济示范区的目标如何确定？

如前所述，作为发展中国家，中国在2012年以前都不需要承诺温室气体减排。因此，无论是率先发展低碳经济，还是申办低碳经济示范区，都不需要制定温室气体绝对减排的指标。关于其他的指标，建议按照《中国应对气候变化国家方案》的体系，分为下述三种：

（一）温室气体人均排放水平

《中国应对气候变化国家方案》的描述是：根据世界资源研究所的研究结果，1950年中国化石燃料燃烧二氧化碳排放量为7900万吨，仅占当时世界总排放量的1.31%；1950—2002年间中国化石燃料燃烧二氧化碳累计排放量占世界同期的9.33%，人均累计二氧化碳排放量61.7吨，居世界第92位。根据国际能源机构的统计，2004年中国化石燃料燃烧人均二氧化碳排放量为3.65吨，相当于世界平均水平的87%、经济合作与发展组织国家的33%。

（二）单位GDP二氧化碳排放强度下降速率

《中国应对气候变化国家方案》的描述是：中国单位国内生产总值（GDP）的二氧化碳排放强度总体呈下降趋势。根据国际能源机构的统计数据，1990年中国单位GDP化石燃料燃烧二氧化碳排放强度为5.47kgCO_2/美元（2000年价），2004年下降为2.76kgCO_2/美元，下降了49.5%，而同期世界平均水平只下降了12.6%，经济合作与发展组织国家下降了16.1%。

（三）二氧化碳排放的相对减少值

《中国应对气候变化国家方案》的描述是：到2010年，通过开发水电减少二氧化碳排放约5亿吨，通过推进核电减少二氧化碳排放约0.5亿吨，通过优化火电结构减少二氧化碳排放约1.1亿吨，通过发展煤层气产业减少温室气体排放约 2 亿吨二氧化碳当量，通过发展可再生能源减少温室气体排放约 0.9 亿吨二氧化碳当量，通过工业节能措施减排二氧化碳约 5.5 亿吨，通过植树造林，比 2005 年增加碳汇约 0.5 亿吨二氧化碳。

根据《巴厘岛行动计划》，发展中国家在可持续发展应对气候变化的措施要可报告、可测量和可核实。因此，温室气体排放监测体系是需要建立的。这也是《中国应对气候变化国家方案》的要求。

关于发展低碳经济的几个观点①

2009 年 4 月 11 日

一、关于低碳技术的成本

一谈到低碳技术、低碳经济，首先想到的是投入很大，是“用自己的钱为全人类做贡献”。

按照世界气候组织对排放总量占全球的 8% 的企业、城市、地方政府的统计，采用低碳技术后，平均减排超过 14%。同时，经营业绩都有不同程度的增长，没有一例是因为发展低碳经济而阻碍增长的。

本次考察的珠江啤酒厂，近 5 年来，在环保、发展循环经济方面投入了 1.7 亿元，但产生的经济效益超过 2.24 亿元。

按照麦肯锡公司对低碳技术的研究结论：在已经发布的 200 多种低碳技术中，有超过三分之一的技术是“负成本”的。

所以，一是要算清账，宣传发动；二是要设计机制，让投入者获取收益；三是要制定强制性的法规，就像昨天深圳市介绍的建筑节能。

---

① 我向九三学社中央提出建议后，“低碳发展战略”成为 2009 年九三学社中央党派重点调研选题，时任全国人大常委会副委员长、九三学社中央主席韩启德率领调研组前往广东调研。在调研座谈会上，有关部门对于低碳经济提出了一些问题，本文是我的解释和说明。

二、关于对产业的限制

有些省市环保部门制订的应对方案中，提出“要限制高碳行业的发展”，要“用低碳产业代替重化工业”，个人认为这同样是一个误区。

低碳经济并不限制特定的产业和行业，世界级的低碳经济示范企业中就有石化和造纸企业，比如今天上午大亚湾电厂提到的 BP。关键是这个企业在同行业中的能耗和排放水平必须是先进的。你要发展低碳经济，不是不可以引进大石化、大炼油，而是这个大石化、大炼油应该在同行业中达到低能耗、低排放。发展还是硬道理，党政领导对 GDP 的重视是合理的，我们应该也只能在用好发展权的同时减少碳排放。

三、关于可行性

个人认为，在中国发展低碳经济要比发达国家可行得多。因为我们的能耗、能效、排放水平都比较落后。如中国目前的车辆排放控制比发达国家落后近 10 年，单车排放污染物为 5 到 10 倍。余地很大。

怎么改进？这张世界能源署的统计表说明：我国和发达国家在碳排放强度上的差别，要比能耗、能效上的差别小得多。以我们与经合组织的比较为例，碳排放强度的差别是 25% 左右，而能耗的差别是 4. 3 倍。

如果这个结论成立，则低碳经济的前景是比较乐观的。因为降低碳排放强度，即改变能源结构很难，这取决于资源禀赋；而在能耗、能效上缩小和发达国家的差距，相对比较容易，因为只需把他们已经成熟应用的技术实施即可，当然在资金和技术转让上要建立机制。

四、发展低碳经济，为了什么？

虽然低碳经济的背景是应对气候变化，但对我国的意义，首先是能源安全。在中科院的 2009 年度《可持续发展研究报告》中，发改委能源所的情景分析，“非低碳情景”，2020 年比 2005 年一次能源需求量增加一倍多，从 21 亿吨标煤增加到 48 亿吨，煤炭产量很难满足。而“低碳情景”可以节省近 10 亿吨。

其次是核心竞争力。按照上述情景分析，在非低碳情景下，到了 2030 年，我国的产品基本上失去国际竞争力。

因此，我国发展低碳经济，根本不需要考虑气候变暖到底是不是人类活动引起的、我们对外承诺会不会影响发展等问题。我国的人口基数、资源禀赋、环境容量和对国际竞争力的要求，决定了我们没有其他道路可走。

低碳经济和认识论[①]

2009年4月20日

上个月韩主席在广东的考察、调研，对广东发展低碳经济是一个极大的推动，也促使我们更深入地思考。

在考察中，与低碳经济有关的经济、技术、体制层面的内容，各个部委和专家已经讲得很多，但是，有一点他们都没有说到，而韩主席在总结时已经点了题："中国的传统文化里面有很多的先进理念，我们需要勾画一下中国式的生活是什么样子，发展低碳经济要和文化的问题结合起来。"

对此，我有一些体会，与大家分享。

为了方便说明，我要先举一个例子。有一间茅屋，里面住了一群人，先有一些人开始抽烟，陆续又有一些人跟着抽，后来有人发现，屋子里的烟味越来越重，有可能会让里面的人无法呼吸，于是，大家就开始商量逐步减少抽烟、减少排烟的问题，这就是应对气候变化的谈判。

这里，我觉得有三个问题需要思考：

其一，吸烟者和屋子的关系，即人和自然的关系。

自然科学的进展，让人类产生了"掌握自然"的成功感：宏观如天体宇宙，微观如质子夸克，我们似乎无一不晓；技术革命的成果，更

---

① 这是我参加九三学社中央重点调研后写的小文。题目里的"认识论"应作广义理解，泛指人类和自然的关系。

让人类充满着“征服自然”的优越感：从蒸汽机、电灯泡到核裂变、基因技术，我们似乎无所不能。

于是，“人是万物的灵长”，“天下万物皆备于我”，人类中心论成为主流。于是，主宰自然，无限索取，竭泽而渔，置环境和资源于不顾的“发展”成为近代史的主旋律。不管茅屋受不受得了，我是主人，任意抽烟、吐烟，谁奈我何？

然而，智者不作如是观。老子曰：“人法地，地法天，天法道，道法自然。”人必须遵循自然规律，不应“人定胜天”，只能“天人合一”。恩格斯指出：“我们不要过分陶醉于我们人类对自然界的胜利，对于每一次这样的胜利，自然界都对我们进行报复。”这类报复，未有穷期。

对大千世界，人类已知的部分远小于未知的部分，我们必须心存足够的敬畏。

在大自然中，万物也生而平等。自然以自身为目的，它有意识，有知觉，有理智，否则，何谓“报复”？它不需要依人类的评价而存在，它自身就是评价者和行动者。我们理应虔诚。

人类必须恢复自知之明，必须医治自大狂症，学会与自然和谐相处，为自然的一切承担自己的责任和义务，才能得到自然所可能给予的有限权利和馈赠。

只有认识到茅屋、空气也有灵魂，里面的人才能自觉戒烟。只有正确认识了人和自然的关系，我们才能自觉地采取各种措施减少人类活动对气候变暖的影响，地球才有救。

其二，屋里的人们之间的关系，即人类内部的关系。

曾几何时，我们听到的“理念”是：和谐与共处是相对的、暂时的，对立和斗争是绝对的、永恒的。这种“斗争哲学”，反映在茅屋里就是：先开始吸烟的人要求大家不吸，而后来者则要吸够后才肯罢休。

在应对气候变化的谈判中，面对 IPCC 几千名科学家的结论，我们经常听到的却是“阴谋论”：气象学家是为了争取更多的经费而危言耸听，政治家是为了转移民众的视线而指鹿为马，发达国家是为了打压发展中国家而故意找碴。

沿着这条死胡同，一定走不通。

还是重祭老祖宗的法宝：“和”。

“和为贵”，“和而不同”，人与人、集团与集团、国家与国家之间应该和谐相处，面对气候变化，大家共同努力。

应该怎样要求对方？“己所不欲，勿施于人。”我不承诺绝对减排量，自然不能对你提过分要求；反之，你在发展阶段排多了碳，也应该给我留一点发展空间。

有矛盾，有利益冲突，怎么办？发达国家要减排，发展中国家要空间，如何协调？不能睚眦必报，让矛盾扩大，而应找到利益共同点，“仇必和而解”，以和谐的方法来消除、解决，使事物向更新的方向变化，向更高级的阶段发展。发达国家向发展中国家输出资金和技术，发展中国家在一定时期先承诺相对减排，再承诺绝对减排，这就是“解”。

这样，才能让茅屋里的人同“屋”共济，共渡难关。

到这里，我们还只是在讲责任、权利：为了茅屋的安全，每个人都有责任少“吐烟”。但是，只讲责任，不讲道德，容易锱铢必较：你以前抽过1000根，我至少要抽到800根才封口！

一个大国，一个世界公民，更要讲道德。即使协议还未达成，即使他人都还在吸烟，我也要超越自我、“独善其身”，自觉戒烟，这才是科学精神与道德思想相结合的理性光彩。在设计将“外部成本内部化”机制的同时，我们还要将“外部道德内部化”，让人类对大自然的亏欠变成每个成员的道德情怀。

其三，茅屋里每个人如何认识自身？即人与自我的关系。

穷居陋巷，安贫乐道。“仰不愧于天，俯不怍于人。”“穷则独善其身，达则兼济天下。”这是中国传统文化教导我们的人生态度。

人理应追求温饱，只有在社会成员温饱的基础上，才能在民主公平的制度下实现社会和谐。但不是以个体的物质占有和感官享受为唯一目标、以浮华奢侈和挥霍为最大快乐、罔顾社会公德和生态环境的享乐主义。

茅屋里的人，有贫富之分。如果我不差钱，能买很多的烟，是否就有抽的权利？非也。在法制社会，法律面前人人平等；在低碳社会，碳排放面前人人平等。个人的碳预算应该平衡，今天你坐了头等舱，下飞机后就要多种几棵树增加碳汇。

戒绝攀比。你抽了 1000 根烟，我也要吸；你住了大房子，我也要买；你开着豪华车，我也要配……人究竟需要什么？一箪食，一瓢饮，颜渊万古师表；颠沛流离，困厄万端，孔子万世流芳。而那些挥霍无度、暴殄天物的权贵，留下了什么？

“发展是硬道理”，但只有顾及资源、保护环境的“发展”才是。创新也有两面性，氟利昂破坏臭氧层，而替代氟利昂的技术产生了上万倍的温室气体效应。科学技术是生产力，也可以是破坏力，技术越先进，对地球的破坏力越大。因此，人类不应沉迷于加法，而要学会做减法。快乐的南欧人、南美人，可资借鉴。回到“富翁与渔夫”的故事，渔夫的纯消极当然不足取，但富翁的发展狂症也需医治。

要走低碳发展之路，应该在人与自然、人与人、人与自我三方面有一个全新的、清醒的认识。否则，即便不是气候变暖的危机，也一定会遇上集体行动的内在悖论而导致的其他灾难。面对积重难返，必须正本清源。

把握为梦想奋斗的机会[①]

2013 年 3 月 26 日

“中国梦是民族的梦，也是每个中国人的梦。”“有梦想，有机会，有奋斗，一切美好的东西都能够创造出来。”习近平主席的这些话，让人心潮激荡。我更从自己这么多年来的奋斗经历中，深深体会到这一点。生活在这个飞速发展的时代和欣欣向荣的国家，每个人都应该有梦，也拥有实现梦想的有利条件和广阔空间。个人、时代、国家，梦想、机会、奋斗，缺一不可，又互相成就。

20 世纪 80 年代末，走在改革开放前沿的经济特区发展急需科技人才，小平同志南方谈话更向全国发出“科学技术是第一生产力”的时代强音，并对珠海“百万元重奖科技人员”的做法予以肯定，在这股春风的召唤下，我离开了工作近 20 年的原单位，南下珠海创业。两年后，我成为了珠海第三届科技重奖特等奖的首席获奖人，科技之梦成真。

党的十四届三中全会正式决定建立社会主义市场经济，确定了“以公有制为主体、多种经济成分共同发展”的方针，我放弃“铁饭碗”，创办了产权明确、激励充分的股份公司，并成功上市，已连续 9 年跻身“国家重点软件专业”的行列，“创业”之梦成真。

---

① 本文发表于 2013 年 3 月 26 日《人民日报》。

如果说，我的科技梦、创业梦，更多得益于这个伟大的时代，那么，进入新世纪后，我的梦想也在变化，更渴望为这个时代、这个国家多做些什么。2005 年，党的十六届五中全会强调全面落实科学发展观，特别强调协调发展、可持续发展。作为九三学社社员和政协委员，我致力于“低碳发展”，提出多项提案和建议。这一理念已经在全国范围内形成共识，我本人也连续四年蝉联全国的“年度低碳人物”。

中国特色社会主义事业的建设，使“新社会阶层”得到快速发展。我也渴望着回报社会、投身公益。2011 年，通过微博向温州动车事故中的小伊伊捐款；2012 年，帮助“最美北京爱情故事”的主角廖丹偿还医院透析欠款；2013 年，又为帮助云南彝良“最美代课教师”的“新年第一善”捐款。我也因此获得了多项公益奖项，初圆“投身公益”之梦。

现在，我更感觉到，“中国梦”的实现，需要通达社情民意、促进良性互动、完善社会管理。利用信息手段，发挥移动互联网的优势创新社会服务和管理，“献计社会管理”，是我新的梦想。

回头看，我这么多年来，就是一个寻梦、追梦、梦圆的过程。这些梦想烙印着时代的发展、社会的进步，梦想成真的过程，更印证了一个国家和民族的伟大进步。试想，如果没有“科技是第一生产力”的发展理念，如果没有对市场经济的科学把握，什么科技梦、创业梦，恐怕永远只能是遥远的梦想，最起码，梦圆的过程会很艰难。而如果没有科学发展观的确立，没有对生态文明建设的国家战略，“低碳梦”也不可能在全国范围内迅速成为共识。如果没有公众对社会公共事务的参与热情，所谓“微公益行动”“献计社会管理”的想法，就不可能有“众人拾柴火焰高”的效果。

的确，这是一个鼓励每个人都拥有梦想的时代，这是一个可以让人人都有出彩机会的国家，也正是这样一个充满着生机活力的国家，让你的梦想可以很丰满、人生可以不断追求。对个人来说，有梦想，才有希望，才有方向。在今天的中国，梦想要能成真，必须把握每一个平凡而关键的机会，必须“照进”中华民族伟大复兴的现实，必须扎根于中国特色社会主义事业的土壤。用每个人的爱国、理性、责任和自信，圆“中国梦”，唱“国际歌”，谱时代音。只要这样，每个中国人的人生出彩，定能汇聚成国家的发展、社会的成长。

收入分色和名单管理：公职人员财产定性核查新思路①

2013 年 5 月 9 日

公职人员财产问题已经成为各界关注的热点和决策处理的难点。我认为：要妥善解决这一问题，迫切需要重新界定公职人员的财产性质，设计有效而又可操作的核查手段，并清醒认识财产公示和核查的关系，从而在法律、民意、稳定队伍之间寻求最大公约数，实现公职人员财产处理的“软着陆”。

将公职人员收入分为白、黑、灰色

目前，反腐的制度建设和具体措施，特别是财产公示的一个主要阻力是“腐败普遍论”。民间的所谓“挨个枪毙肯定有冤枉的，隔一个枪毙一个肯定有漏网”的戏谑，学术界的“反腐亡党”的危言，不断强

---

① 党的“十八大”以后，建立“不能腐、不想腐、不敢腐”的反腐机制成为当务之急，“财产公示”的呼声也不绝于耳。我认为：如果从“核查机制”的角度，财产公示类似于“发动路人拍汽车超速”，难免漏拍、误拍。我提出用“名单管理”发挥“专业摄像头”的作用，成为九三学社中央的提案，被中纪委采纳。北京大学召开专题座谈会研讨，全国政协、有关部门领导出席，各界专家莅临指导。《法制日报》开设专版。本文在“名单管理”研讨会后发表在 2013 年 5 月 9 日《南方周末》。

化着决策和推行的难度。我认为，其主要原因是在法律、政策、理论和民意中都没有对公职人员的收入和财产进行合理的区分，把工资性收入以外的所有收入都归于了“腐败”。

建议对公职人员的收入及其形成的财产分为白、黑、灰三色。白色为工资性收入及正常的知识性、服务性收入，投资、财产转让收入等。黑色为贪腐所得，即由权钱交易形成的收入。灰色为非权钱交易形成的，但又不在“正常范围”的收入，如逢年过节的“红包”、婚丧嫁娶的礼金等，主要源于民众对官员的敬畏或“免受侵犯”的动机。

“黑色”和“灰色”之间有着本质的区别。首先是恶劣程度：涉及直接的“黑色”权钱交易的官员和行贿者，其伦理已经堕落至底线，而“灰色”收入的双方至少还保存着起码的或形式上的尊严；其次是数额：黑色的一般比灰色的要大得多；再次是社会危害性：权钱交易的结果一定是公共利益的损害（如低价卖地、违规批官等），而灰色收入一般不导致公共利益的直接受损。

如果界定只有来自直接的权钱交易的收入才是贪腐所得，那么，由于权钱交易的原因是“权力集中在少数部门、少数人手里”，可推论真正有贪腐行为的公职人员从比例上应该只是少数。大多数公职人员“白色”以外的收入只是“灰色”的（尽管这种“灰色”收入往往超过白色收入本身）。这一“贪腐分子是少数，大部分公职人员只有灰色收入”的基本判断，应成为反腐决策和具体措施的基础。

财产公示和财产核查的关系

要求财产公示的呼声很高，回避、拖延绝非良策。应清醒认识到：“财产公示”本身不是目的。除了从政治伦理的角度象征“执政党及其成员有勇气接受监督”，公示只是一种手段：在财产主要依赖公职人员本人申报的情况下，公示后可让公众监督、比对，多渠道消除“申报不实”，是通过让渡公职人员的部分隐私而引入的“公众核查”。

既然要求财产公示的主要理由是引入核查，那么，采用法律、信息的手段，进行有效核查，应该是一种积极的回应；其次，没有全面核查，对公职人员的财产状况心中无数，也很难做出正确的决策；再次，由于财产公示的范围只是申报对象的一小部分，即使在实施公示后，核查也是必不可少的；最后，只有让公职人员知晓自己和家人的财产已被有效核查，才能震慑和规范他们获取、处置财产的行为，“把权力关进制度的笼子”。因此，无论从缓解财产公示的压力，为最终的公示争取时间、打好基础，还是为摸清家底、正确决策，或是作为一项长期的制度化安排，对公职人员的财产核查都是当务之急。

如果把公职人员财产比喻为“有可能超速的车辆”，那么，财产公示就类似于发动路人“上路抓拍”，既是路人，难免漏拍、误拍。更有效的方式应该是在关键路段安装专业的“拍摄超速摄像头”，但要保证拍了不致“白拍”、不被滥用。这种方法在法律上、技术上都是可行的，详见下文。

核查的具体措施

一、对公职人员登记的财产实行“名单管理”

借鉴我国对上市公司高管及其家属股票交易监控的思路，对公职人员登记的本人及其家属的财产实施通过信息系统自动进行的“名单管理”。具体做法是：

（一）建立监控名单。名单涵盖的范围，最终应包括所有履行申报义务的公职人员。至于是否需要包括配偶、其他亲属甚至秘书等，则根据部门和岗位确定。确定后，应让列入名单的公职人员及家人知情。

（二）制定有关核查公职人员财产的法规，规定所有的财产登记、管理机构或部门有义务配合纪委或监察部门，按要求提供监控名单中人员的财产状况信息。

（三）把监控名单导入银行、证券、房地产、公司注册、车辆及船舶等财产登记机关的信息系统，由信息系统向监管部门定期报送持有财产清单。对于异常的动作、状态（如单笔支用超过一定限额、银行余额超过一定限额、房产套数超过一定数量等），系统自动报警。

为有利于后续信息的公正处理，报送的清单、异动报告等可参照高考的“密封阅卷”，隐去姓名，只用代号。姓名和代号的对应关系只由核心管理部门掌握。

（四）核查信息的后续鉴别、处理，应尽量由软件系统自动进行以避免人工干预，如自动通知本人要求说明、自动向上一级部门报送、自动通知特定机关等。

（五）必要时，可通过国际间合作，有重点地选择一些国家，要求其配合实施名单管理。如美国就以反恐和查税的名义，要求外国银行提供特定对象的银行存款信息。

采取上述措施后，公职人员放在本人或家人名下的财产信息由系统自动发送，由系统按设定的流程和规则鉴别处理，既消除了侥幸心理，也避免了抽查的选择性执法之嫌，更减轻了依赖人工干预所必然导致的“说情”压力。

当然，必须强调：在以上建议的实施过程中必须采取各种措施实现对监管部门本身的监督，包括必要的公众监督，以保证监管不致失效、不被滥用。同时，对于“名单管理”的信息系统，在开发、实施时必须实施最严格的权限管理。

二、通过“依法披露代持”减少隐瞒财产

上述“名单管理”的措施，解决了公职人员登记在本人或家人名下的财产的监管问题，却无法监管由公职人员放在家庭外人员名下的财产，即所谓“代持”。不消除代持，公职人员的财产申报、核查、公示，都将流于形式。

中国现行法规已经规定，股份公司在上市前必须由股东披露“是否

存在为他人代持股权”的情形。建议将这一规定适当扩展，修订有关财产登记的法律法规，规定公司股权、房屋、存款、车辆等财产的所有人，需如实披露“是否代别人持有、为何人代持”。如果未依法披露，代持者和被代持者都要承担相应的法律责任。

采取以上措施后，公职人员的财产“代持”行为就会有两方面的后果：一方面，因为“代持而不披露”属于违法行为，婉拒代持就有了更有力的理由。另一方面，在“代持”时一般都会签订“内部协议”以保证将来（如公职人员退休后）的索还，但因为法律规定必须披露，如未披露，则存在着代持人否认内部协议、把财产据为己有的风险。这样，就可以大大减少公职人员通过让他人代持隐瞒财产的行为。

为了便于操作，重在对今后的“警示”，可先从新增财产登记开始要求披露，也可以规定先披露为公职人员代持的部分。

三、尽快运用成熟的图像比对技术，尽快消除“一人多户口”的现象，杜绝以此隐瞒、藏匿财产的行为

笔者以上的建议，北京大学已经召集专家学者进行了专题研讨，与会专家普遍认为措施切实可行，并指出这是用技术部分弥补制度失灵、用系统自动运行尽量替代人工干预、将现代公司治理结构借鉴于政治制度设计的创新思路。同时，专家们也对名单的确定规则和范围、管理部门的互相牵制、核查所得资料的不被弃用或滥用、“披露代持”时对私权的保护、具体实施的思路和步骤等提出了很好的建议。

实施步骤及处置思路

公职人员财产处置牵一发动全身，应该考虑到历史、现实、传统、制度等各方面的原因，兼顾法律、民意、队伍稳定等各方面因素，逐步、稳定地推进。

一、营造氛围。通过政策法律、舆论、技术手段、典型案件的各种

方式，让公职人员充分了解：

（一）包括内部核查和财产公示的措施将要实施，其后，无论是否涉及案件，是否被抽查，财产信息一定会完整地被组织甚至公众掌握。

（二）任何转移、变卖资产的行为，极可能提前引爆问题，遭受惩处。

（三）处置“灰色”财产将适度新老有别，以前形成的有可能获得从宽处置，今后获取的处罚不贷。

二、由于“灰色”财产的定性、处置、消化、被公众接受需要时间，在目前阶段，应该先实施有效的、主要是内部的核查，即尽快开始实施“名单管理”“披露代持”。

中纪委已经确定要进行“抽查”，可以把“名单管理”作为抽查的技术方式，由中纪委发文，快速对党内领导干部实施。然后再通过立法途径，逐步扩大到履行全体申报义务的公职人员。

三、在核查的同时，必须重点解决“灰色”财产的定性、处置、消化，争取尽快被公众接受：

（一）充分论证“灰色”和“黑色”在恶劣程度、金额、社会危害性等各方面的区别（在本文第一部分已有提及），从性质上说明“灰”“黑”分色处理的必要性。

（二）分析公职人员财产的整体状况，从“法不责众”的角度说明“灰”“黑”分色处理的必要性。

（三）制定、修订有关政策法规，为“灰”“黑”分色处理提供制度可行性。如规定没有直接权钱交易的收受利益，在一定限额下为“灰色”，或超过正常收入的一定限额为“灰色”等，并适当调整“不明财产来源”罪的限额。但必须明确是在一个时间点之前的，“既往基本不咎，以后坚决杜绝”。

四、对于“黑色”财产即贪腐所得，可以根据核查的结果采用两种对策：

如果占公职人员总数比例不高，则可以“发现一起，惩处一起”。

即使涉及人数较多，对贪腐所得财产本身也必须收归社会所有，坚决不让贪腐分子在经济上占便宜。但是，是否惩处则可区分不同情况：如与案件相关，或曾企图转移的必须惩处；如属由信息技术手段获取，或自行申报获取，或“代持披露”录入等的可暂不惩处，予以“挂账”，如果该公职人员此后不再腐败则不予追究，如再腐败则新账、老账一起清算。

谁有资格提起环保公益诉讼[①]

2013 年 7 月 25 日

《中华人民共和国环境保护法》（修正案草案）中新增条款，规定“对污染环境、破坏生态，损害社会公共利益的行为，中华环保联合会以及在省、自治区、直辖市设立的环保联合会可以向人民法院提起诉讼”。

其初衷，是为了衔接 2013 年 1 月 1 日起实施的《中华人民共和国民事诉讼法》第五十五条关于“对污染环境、侵害众多消费者合法权益等损害社会公共利益的行为，法律规定的机关和有关组织可以向人民法院提起诉讼”的规定。

我认为：把环境公益诉讼权授予一家，客观上存在诸多不妥；应将有关国家行政机关、具备资质能力的其他环保组织都列入诉讼主体，并充分发挥广大公民的推动作用。具体分析、建议如下：

一、独享诉权可能导致的不良后果

（一）“中华环保联合会”（以下简称联合会）实行会员制，从该会官网下载的“企业会员申请表”上明示：企业会员需缴纳从 1 万元至 30 万元不等的会员费，会员级别与会费成正比。其会员中不乏排放、污染大户，如担任该会“副主任委员”的某造纸企业近几年就有三次

① 本文发表于 2013 年 7 月 25 日《南方周末》。

因排污被处罚的报道。当会员企业牵涉污染环境案件，“联合会”与会员之间的关联关系将直接影响社会对于这些案件是否能得到起诉、起诉力度是否得到保证的合理怀疑，严重影响环境公益诉讼主体的公信力。

（二）“中华环保联合会”的主管部门是国家环保部，同理，各省级联合会的主管部门也将是环保厅（局）。而环境公益诉讼很多情形下可能涉及环保主管部门的不当作为或不作为，“联合会”与环保主管部门的从属关系本身将影响此类案件的起诉效果和社会公信力。

（三）目前，省级环保联合会并未正式成立，中华环保联合会官网称仅拥有环境志愿律师队伍 82 人和 24 家志愿律师事务所。我国地域广阔，环境污染态势严重，环境公益诉讼的跨度、取证等难度都较之普通案件大，区区几十名律师一定无法应付，独享诉权极可能严重耽误环境公益诉讼。

（四）据中华环保联合会官方网站介绍，其组织机构中副部级以上干部以百人计，副国级领导就有四位。环保公益诉讼案件的性质复杂、牵涉面广、政策性强，起诉、判决、执行等经常会陷入多难的境地，把这类案件的唯一诉权授予“联合会”，某种程度上是用众多政要的声誉为环保公益案件背书，稍有不慎就将损害党和国家的形象。红十字会的教训应被吸取。

以上弊端由“联合会”本身性质决定，不管在执行中如何公开、透明、公正，都无法从根本上消除质疑。有“联合会”人士用“消费者权益保护法修正草案中明确消协作为公益诉讼主体”来论证“联合会”独家受权的合理性，先不论消协独家受权是否合理，但就消协性质而言，与“联合会”就迥然不同，上述弊端［特别是诟病最大的（一）（二）点］对消协基本不存在，不可同日而语。

二、各国经验

我尝试就国外环境公益诉讼原告资格部分立法及实务略举几例。

（一）美国。美国是环境公益诉讼的发源国，1969 年制定的《国家环境政策法》第一次明文规定，检察机关可以提起环境公益诉讼。

分为两种：执行之诉和公共妨害之诉。执行之诉是检察机关根据成文法提起的，这些成文法中通常会指明罚金的大约数额。公共妨害之诉则是根据普通法提起，检察机关充当社会受托人的角色保护环境利益，罚金的数量通常由陪审员或在没有陪审员的情况下由法官根据案件的具体情况做出决定。

1970 年修订的《清洁空气法》除了规定检察机关可以提起环境公益诉讼，还第一次规定了公民诉讼，该法第 304 条 a 款规定：任何人可代表自己提起一项民事诉讼或行政诉讼，起诉任何人，指控其违反了或正在违反本法规定的排放标准及限制或环境保护局局长及各州所颁布的有关上述标准及限制的命令；或者起诉环保局长，指控其不能履行本法所规定的不属于环保局局长自由裁量领域的行为或义务。此类公民诉讼（citizen suit）在性质上即为环境公益诉讼。

（二）意大利。1999 年 8 月 3 日，意大利第 265 号法律第一次赋予了民间环保社团提起民事诉讼的原告资格。该法第 4 条第 3 款规定了民间环保社团对于环境的损害有权利向普通法官提起本应当由市或者省政府提起的损害赔偿诉讼，损害赔偿所得归属被代替的机关（市政府或省政府）。

但并非所有的民间环保社团都具有诉讼资格，只有那些在意大利环境部获得注册的全国性的民间环保社团或者至少代表五个大区的民间环保社团才具备。环境部也可以通过发布命令的形式将其他的民间环保社团加入到能够提起赔偿诉讼资格的名单中来。

三、环境公益案件诉讼主体的建议

按照“民事诉讼法”第五十五条的规定，公益诉讼的主体是“法律规定的机关和有关组织”，公民个人已被排除在外；而中国检察机关的法律地位决定其不可能作为公益诉讼的主体。因此，环保公益诉讼的主体只能是“机关和有关组织”。我的建议是：

（一）“联合会”可以是环境公益诉讼主体，但不应独此一家。合法注册、具有相当规模和影响力、具备公益诉讼能力的其他环保组织也应包括在内，但可以由国家环保部根据其能力和规模予以核定，同时对于涉及利益相关和利益冲突的回避制度做出具体规定。这样，既避免了“独享诉权”，也保证了范围可控。

（二）国家有关行政机关也应有权提起相关的环保公益诉讼，如环保部门、海洋管理部门（就海洋污染）、国土资源部门（就国土污染）、食品检验部门（就食品污染）等。

（三）应充分发挥公民在环保公益诉讼上的作用，把公民的推动力和行政机关、环保组织的法定地位相结合。如规定一定数量以上的公民联合向有关机关或组织申请环境公益诉讼，该机关或组织必须收案并着手调查，并应在法定期限内给申请者一份初步调查报告，就是否提出诉讼给予答复等，逾期未调查、答复的，上述公民可以直接向人民法院提起诉讼。

总之，由于环境公益案件的特点，如果不对诉讼主体加以适当限制可能引起“诉讼爆炸”，但是，过分限制诉权，特别是让某一组织独享诉权，就是某种程度的鼓励侵权。我国环境遭受急剧破坏的严峻现实也要求鼓励社会组织和社会成员尽己所能以法律手段保护环境。相信《环境保护法》的本次修订应能大大推动这种趋势，而不是相反。

用信息技术提升民主权利实现水平[①]

2013 年 9 月 16 日

社会的规模和成员的素质在很大程度上制约、决定着社会的民主种类和进程，而信息技术特别是互联网技术的发展，极大地提升了社会成员获取知识的能力和互相沟通的效率，使得把“直接民主”和“间接民主”相结合具备了技术可行性。党的十八大报告提出的“以扩大有序参与、推进信息公开、加强议事协商、强化权力监督为重点，拓宽范围和途径，丰富内容和形式，保障人民享有更多更切实的民主权利”的要求，有望得以加速实现。

“代议制”的利弊

我国基本政治制度属于“代议制”形式的间接民主制度。“代议制”取代直接民主有其历史必然性。首先，现代民族国家地域辽阔、人口剧增，没有一种技术方式能让居住分散、人数众多的全体公民可以像在希腊城邦那样直接讨论、决定主要的公共事务，只能通过他们选举出

---

① 我一直认为：信息技术，不但从根本上改变了生产、交换、社会交流方式，而且也一定会极大地推动社会管理的进化。本文是我系列建议的第一篇，发表在 2013 年 9 月 16 日《学习时报》。

来的代表。其次，随着社会的发展，涉及的公共事务日益复杂，对其进行判断、讨论、决定所需要的专业知识和经验的要求也越来越高，而公民受教育程度参差不齐，缺乏面对公共事务的普遍能力，只能通过选举出来的“精英阶层”来决定和治理。再次，随着社会阶层的增多，公民的同质化程度越来越低，利益诉求日益多元化。直接民主的结果只能是“赢者通吃”，而通过“代议制”，各利益群体都可以选出自己的代表，在代议机构中进行博弈、实现制衡，最大程度地避免“多数人的暴政”。

但是，间接民主也存在“异化”的可能，亦即选举出来的代表（包括“代议制”下的政府）在取得立法、执政地位后，由于信息不对称、利益驱使、政党归属等等原因，在某种程度上不再完全代表选民行使权力，“只有在选举那一刻才是主人，选完后即成奴隶”就是一种极端的写照。如何在间接民主体制中贯彻“权为民所赋”的根本原则？采用怎样的思路、方法保证“代议制”不致“异化”，从而充分实现民众的民主权利？信息技术的发展为此提供了足够的手段。

信息时代的变化

在现代信息技术下，涉及民主类型的规模、素质和制衡等因素都将发生相应的变化。

规模。在高效的信息技术下，通过移动互联网，公民身份的确认、意见的表达已经不需要到某一集中的现场，足不出户就可以发言、投票、表决，深居家中就可以和各个阶层、各种利益的其他公民顺畅交流，“居住分散”就不是问题。快速处理海量数据的软件系统，可以对公民的诉求和决定进行实时的汇总、分析、统计，“人数众多”或“意见纷纭”都不足以成为技术上的障碍。可见，信息技术将使原来意义上的社会“规模”发生质的变化。

素质。随着互联网上积累的知识的急剧增加，随着网络信息搜索、分类工具的层出不穷，原来需要专家才具备的知识、需要很长时间才能积累的经验，一个具备基本文化程度和上网能力的公民可以较快地基本掌握。相信不少人在去医院看病前都会在网上求医问药，从而实现和医生的“专业级对话”。可见，现代信息技术所带来的知识分享的便利，使得个体素质差异比较容易得到弥补，对于大部分公共事务，公民之间原有认知、经验、能力的差异已不会从本质上影响他们的参与、判断和表达。而且，既然选举者都在不断地更新知识，被选举者更加必须时时提高自己，也大大降低了“代议制”中“庸人政治”的可能性。

制衡。在传统方式下，公民中达不到“多数”的各种意见很难通过表决机制得到体现，因此只能由选举的“代表”在“代议制”的议会或政府中去博弈。而在信息技术下，对公民可以按多重口径进行群体分类，对各群体的意见可以进行精确统计（如对涉及教育的某个事项，可以按教师、家长、学生和其他公众的分类对意见进行统计），最大程度地完善决策。

总之，信息技术特别是互联网的发展，极大地压缩了获取、发布、传递、交换信息的层次；移动互联网的应用，则保证了身份的真实性、唯一性和沟通的实时性，使得社会成员之间可以“全天候、一对一”地进行交流。因此，能够在“代议制”这种间接民主制下，以越来越多的方式实现公民对于公众事务的直接参与，实现直接民主和间接民主的高度融合，“群众路线”有了根本的保证。

应用举例

十八大报告明确要求“凡是涉及到群众切身利益的重大决策要充分地听取群众的意见”，运用信息技术可以大大提高这种“听取”的效果。例如，先对公民进行多重分类，如某人的政治面貌分类是“政协委员”，产业分类为“信息技术”，社会活跃度分类为“偏上”，爱好分类为“低碳环保”；在分类的基础上就可以有针对性地征求意见，如要征集对某项环保政策的意见，就可以由系统把征求意见表自动群发到产业分类或爱好分类为“低碳环保”的市民的手机上，在必要时自动跟进，实现精准送达、及时反馈，并对反馈意见进行自动统计、汇总和分析。同样的思路也可以用于各种“公示”，公示的内容将精确、直接地群发到需知情对象的手机上，而不是只刊登在某个媒体或张贴在某个角落里，消除“看不到公示”的抱怨和由此引起的纠纷。

由市民对执政效果进行评价是一项经常性的工作，但传统方式费时、费力、费钱，评价方式简单，代表性较差。应用移动互联网技术，基于对市民的多重分类，可以大大提高评价的效果和效率、保证评价的代表性。如可以将教育领域的工作内容自动群发到对应“教育”分类市民的手机上，将某一区域事务的内容自动群发到居住在该区域市民的手机上，实现“一事一评”；可以把年度工作内容群发到全体市民的手机上，实现“百万人评政府”甚至“千万人评政府”；评价的选项可以有多种，市民还可以另外提出意见和建议，由后台系统自动按多种口径进行分类、汇总，提供决策参考。不但能持续完善政府工作，更能大大推进政府和市民之间的良性互动和高度认同。

申诉、上访和处理的方式在移动互联网时代也将根本改变。在市民的手机绑定身份之后，申诉可以直接用手机写，控告可以直接用手机发，再也不用去信访局排队喊冤了。通过信息系统，政府也可以及时、清楚地了解：上访的市民是谁？什么身份？位于何处？有什么困难和冤屈？以前反映过吗？接访、处理、答复、跟进都可以通过后台和手机的实时互动来实现，上访和截访不再是噩梦。

政府的各种服务也可以通过移动互联网来“前置”办理。如市民要申办港澳通行证，只需在手机上提交请求，与手机绑定的个人信息就会自动进入申办系统，启动办理和审批流程；而只要市民同意提供“所在位置”信息，后台系统随时可以知道他在哪里，可以告诉他最近的办证点，可以就近安排送达办理后的通行证，等等。这种方式逐步推广后，市民和政府的关系在很大程度上就变成了手机和后台系统的关系，“门难进、队难排、人难看、事难办”的老大难问题可以从技术手段上得到解决。

人民代表大会是我国的基本政治制度，但是，代表和选民之间的联系有待于进一步加强，移动互联网可以起到很大的作用。如在选举代表前，可以把候选人的基本情况自动群发到各位选民的手机上供及时了解；代表有需要和选民沟通的问题可以随时通过手机互动；在人大就某一事项讨论和表决时，代表可以把议题直接群发到每个选民的手机上，选民能通过手机及时表明自己的态度，后台系统能马上统计出某一代表所属选民的意见，每个代表都能据此去独立行使表决权、监督权，从技术手段上保证他们是真正的“人民代表”。

村民自治、业主委员会、基层人大等不少场合都需要进行选举。而地理距离、选举场地、气候、统计效率等因素都程度不同地限制着选举的范围和效果。但是，如果把移动互联网技术用于选举，通过严格的身份认证、记名和不记名的严密算法，每个选民在家里用手机就可以投票，后台系统可以迅速计票，对于降低选举成本、扩大选举范围、保证参选率、提高计票效率等，将带来革命性的变化。高效、方便、私密地在各类选举中有效行使自己的权利，将成为每个公民的日常事务。

总之，社会进步的要义就在于成员的沟通、合作，状态的透明、可控，规则的公正、统一，而现代信息技术正是实现这些目标的不二手段；而社会成员之间信息交流的手段和方式，也一定会在相当程度上决定民主治理的体制，日新月异的信息技术已经是治国理政的一种推动机制、倒逼机制。从这个意义上，科学技术不光是“第一生产力”，也已经是“社会进步的第一推动力”。各级政府已经在通过互联网和新媒体加强政民互通、互动上采取了多种举措，网络问政、政务微博、信息发布、申诉举报等形式的层出不穷，标志着中共已从延安时期的“豆选法”迈入了互联网时代。承认、顺应、助力这一进程而不是相反，更是每个希望社会进步的公民的根本利益和共同职责。

党派情　参政梦[①]

2013 年 9 月 25 日

中国共产党领导的多党合作和政治协商制度，既是统一战线的基础，也是我国的基本政治制度。作为民主党派的一员，近几年有个真切的感受，那就是接受党派的指导，依托制度的平台，个人参政议政和社会服务的努力就能事半功倍。

依托党派平台，变个人建议为党派声音

我算是“低碳经济”在国内比较早的提倡者之一，但如没有党派的平台，这就只会局限于珠海。2008 年初我在珠海提出并推动“申办低碳经济示范区”，正在广东调研的九三学社中央领导要求我进一步从广东省和全国的层面提出建议。于是，我提出“创新发展模式，建设低碳广东”，得到广东省委领导的两次批示，省有关部门组织调研，为广东全国低碳示范省建设做出积极贡献。我还向九三学社中央提交了在全国范围内发展低碳经济机制、政策的八条建议，韩启德主席连续四年就这一专题进行深入调研，九三学社中央向中共中央、国务院提出了一系列建议，并形成 2010 年全国政协“一号提案”，低碳发展成为九三学社参政议政的一个品牌。这说明：依托党派的平台，一个普通社员的建议

① 本文发表在 2013 年 9 月 25 日《人民日报》。

才可能成为整个党派的声音，成为党和政府决策的重要参考。

我从事的是软件行业，一直考虑如何用信息技术推动社会管理和制度建设。今年全国两会前，我的两个建议得到韩启德主席的点题和指导，成为全国政协联组会议的发言。其中，关于用信息联网技术实现基于“名单管理”的公职人员财产核查的建议受到中纪委领导的肯定，北京大学组织的专题研讨会对这一方案的建设性、可行性、前瞻性予以充分肯定，有关媒体也进行了深度报道，引起广泛关注。

依靠党派支持，探索参政新方式

担任政协委员的经历让我体会到，要保证人大代表、政协委员真正反映基层诉求、传递市民心声，需要探索经常化、制度化的途径。2011年，我准备出资举办“金点子，亮珠海”大型有奖调查活动，实名征集对珠海社会经济发展的建议。一开始有关方面有所顾虑。但当我向九三学社省委、中央领导汇报设想后，都得到了明确的鼓励和具体的指导，使我坚定了信心。我争取到珠海的主流媒体为合作方，3000多名市民和外地网友实名登录网站，提出近万条建议，最后汇编成《金点子荟萃》，提供给珠海两会和政府部门；两会的建议和提案的内容与《金点子荟萃》的重合度均在90%左右；市政府更正式下达通知，要求各政府部门“在实际工作中广泛加以应用，进一步扩大‘金点子，亮珠海’有奖社会调查活动初步成果的效应”。

我在参政议政上的一些新做法都得到九三组织的支持。在珠海首提“低碳经济”时，考虑到这个题目带有全局性，我想当面向中共珠海市委主要领导建议，九三学社市委领导马上协调，使我破例在大会发言“加塞”，珠海市政协也从此增设了大会发言“抢麦”的环节。为了倡导低碳交通，我提议市政协委员骑自行车参会，九三界别的政协委员全体报名，随着“百名委员单车赴会”成为“风景”，绿色交通体系的建设也成了政协提案的重点。我编写了倡导低碳生活方式的小册子《低碳100》，除了供市民取阅，还向参加省、市两会的政协委员和人大代表派发，都是九三的同志和我一起早早赶到会场准备，九三省委主委还把小册子带进贵宾室，送给省委和省政府领导。通过这些方式，提高了提案、建议为公众知晓的程度，也丰富了民主党派的社会形象。

传递正能量，展现参政党时代形象

社会服务是参政党的又一重要职能。九三学社中央强调“社会服务工作体现了参政党的存在价值，必须开拓创新、加强宣传”，这就要求与时俱进，运用包括新媒体在内的各种传播方式，传递正确的价值观，推动社会和谐和进步，展现中国特色社会主义参政党的时代形象。我在这方面做了一些尝试：

2011 年温州动车事故中，武警支队长邵曳戎坚持“救人第一”才挽救了最后一个幸存者“小伊伊”的生命。我用微博向“按照党的一贯教导，坚持以人民的生命和利益为最高命令”的邵支队长致敬，并承诺该微博被转发一条，我捐一元钱帮助小伊伊。微博在 24 小时内被转发超过 90 万条，至今仍保持着纪录；几乎全国所有的媒体都以“传递正能量”报道，取得了良好的社会效果。社中央、社省委的领导也纷纷以电话、短信等形式对我表示肯定。

我一直认为“见死不救”的主要原因在于缺乏“让救人者无后顾之忧”的机制，道德教育可提“舍生取义”，机制设计则须让“取义”无须“舍生”。2011 年当天津出现救人者被判赔偿的“许云鹤案”时，我呼吁建立“兜底机制”，由基金支付同类事件的救治费用，并承诺我个人出资为许案“兜底”。其后，九三省委又安排我在广东省政协大会上发言，呼吁“用立法为救人者撑腰，用机制为无责案件兜底”，建议设立“道路交通事故救助基金”。2012 年开始，广东省和一些地级市都设立了类似的基金，发挥了积极作用。

2012 年 7 月，“凄美北京爱情故事”的主角、下岗工人廖丹的故事传遍全国。我认为个案折射出的是社会保障制度的缺失，于是用微博承诺为廖丹支付全部赔款，呼吁“尽快建立、完善大病医疗救助制度”，引起媒体、网民的关注和热议。一个月后国家发改委等六部门下发大病医保的指导意见，立显党和政府的“执政为民”。廖丹也被法院从轻判以缓刑，彰示法律和民意的统一。韩启德主席在肯定我的同时还专门指出：“你在微博中写了‘我帮助他不表示我赞同或鼓励私刻公章的行为，对权利的任何追求都不能违法’，这样就避免了质疑。”

在党派组织的鼓励下，只要有机会“用公益推动进步”，我都会尽力去做。媒体和社会各界除了对我的呼吁和建议的支持，还表达了对九三学社、民主党派的由衷赞赏和对“政协委员”身份的积极肯定，这是更加令人欣慰的。

我是这样当政协委员的[①]

2013 年 10 月 14 日

作为一名政协委员，怎样使自己的建议具有前瞻性和可行性？如何通过多种渠道倾听人民的心声？以哪些方式进一步展现政协委员的时代形象？简言之：如何才能当好政协委员？我有一些粗浅的体会。

做足功课是建议前瞻可行的前提

作为珠海市政协常委，我的提案连续多年获奖、多次被市委主要领导督办，还被广东省政协评为“人民的好委员”。之所以能够取得这样的效果，我的体会是：首先在选题上要做足功课，密切关注大局大势方能让自己的提案具有前瞻性；除了选题，建议的“可操作性”非常重要。在与其他委员交流时我曾提出：提案时只需“摆事实，提建议”，切忌“讲大道理”；要换位思考，把自己放在提案承办人的角度，审视

---

① 2013 年 9 月，时任九三学社中央主席、全国政协副主席韩启德给时任中共中央政治局常委、全国政协主席俞正声写信：“以陈利浩的事迹为例，建议能否发现若干这样先进典型，给予宣传和表彰，并发动政协委员开展‘如何当好政协委员’的大讨论。”俞主席批示人民政协报社开展这项工作。作为大讨论的第一篇稿子，本文发表在 2013 年 10 月 14 日《人民政协报》头版。历时三年的大讨论共有 200 多名政协委员参与，最后人民政协报社精选 80 多篇稿子汇编为《国士风采》一书，由中国文史出版社出版发行。

建议是否切实可行。这就需要在提案之前做足调研的功课，找准问题，才能对症下药。

2007 年，中共十七大报告首次倡导“建设生态文明”。基于对发展模式的比较和思考，我于 2008 年初建议“申办低碳经济示范区”。当时的“低碳经济”还是个新名词，甚至有过被误读为“地摊经济”的例子。而作为长期从事软件业的一名企业管理者，我对“低碳经济”的重要意义是有着一定认识的。为了推动这一全新的发展模式，我下大力气对“低碳经济”进行了研究，在深入调研的基础上向市政协提出提案。同时，还自费聘请了国内外专家到珠海实地考察，向市委、市政府提出专题报告；向广东省委提出“创新发展模式，建设低碳广东”的建议，时任省委书记汪洋同志两次批示，以此形成的调研报告奠定了广东作为全国低碳示范省的基础。作为九三学社成员，我又向九三学社中央提交了在全国范围内发展低碳经济若干机制、政策的建议，韩启德主席连续四年就这一专题进行深入调研，并以九三学社中央的名义向中共中央、国务院提出了一系列建议，最终成为 2010 年全国政协“一号提案”。“低碳发展”也因此成为九三学社参政议政的一个品牌，我本人则蝉联五届“全国低碳人物”。

我的本行是做企业管理软件，软件对企业管理体制变革的推动作用是显而易见的。因此，我也一直思考用信息技术推动社会管理和制度建设的途径。今年全国两会前，九三学社中央征集建议，我的两个建议得到韩启德主席的点题和指导，成为全国政协联组会议的发言。其中，关于用信息联网技术实现基于“名单管理”的公职人员财产核查的建议受到中共中央政治局常委王岐山的肯定，北京大学还组织了专题研讨会，与会专家对这一方案的建设性、可行性、前瞻性予以充分肯定，有关媒体也进行了深度报道。另一个关于用移动互联网技术实现政府和市民之间互通、互动、互信的建议也受到相当的关注，按照这一建议研制的“政民通”软件即将开始在珠海试点。我觉得社会进步的要义就在于成员的沟通、合作，状态的透明、可控，规则的公正、统一，而科学技术中的信息技术，正是实现这些目标的不二手段，必将越来越有效地解决在传统手段下较难解决的难题，带来社会管理方式的创新和革命。

集合多种力量畅通民意收集途径

多年的履职经历使我认识到，委员个人的能力是有限的，只有充分发挥政协组织的平台作用，运用社会方方面面的力量，才能让民意收集渠道多元且畅通，才能保证收集到的民意全面客观有价值。所以，要想真实、准确地反映基层诉求、传递群众心声，就需要注重借助组织优势与社会资源，探索经常化、制度化的途径。

2011 年，我出资举办大型有奖调查活动，实名征集各界对珠海经济社会发展的建议。这种形式当时在国内还没有先例，一开始有关方面有所顾虑。但在市政协领导的支持下，联系到珠海的主流媒体为合作方，聘请了全国知名的社会学家担任顾问，名为“金点子，亮珠海”、耗资百万的活动受到高度重视和热烈关注：3000 多名市民和外地网友实名登录网站，提出近万条建议，最后汇编成《金点子荟萃》提供给珠海两会和政府有关部门，“两会”建议、提案的内容与《金点子荟萃》的重合度均在 90% 左右。市政府下达通知要求各政府部门“在实际工作中广泛加以应用，进一步扩大‘金点子，亮珠海’有奖社会调查活动初步成果的效应”。参与主办的媒体建议市政协“把这一活动经常化、常态化，成为参政议政和社会管理的一个品牌”。

作为政协委员，除了充分利用提案这一主要途径外，我还会尝试一些新的做法。如在珠海首提“低碳示范”时，我向市政协争取到额外的大会发言机会，向市委、市政府领导当面陈词，效果很好。为此，市政协从此专门增设了大会发言“抢话筒”环节。为了提倡低碳交通，我连续两年向珠海市政协委员赠送自行车，随着“百名委员单车赴会”成为“风景”，自行车交通体系建设也成了委员们提案的重点。为了倡导低碳生活方式，我还编写、印刷了名为《低碳 100》的小册子，除了给市民发放，还利用参加珠海、广东两会的机会在会场入口向人大代表和政协委员派发，并和人民政协报社合作派发到部分全国政协委员手中。一些影响较大的建议，我还会投稿到全国性报刊，今年以来就在《人民日报》《学习时报》等报刊上发表了近10篇文章。通过这些方式，大大提高了提案、建议为公众知晓的程度，也丰富了作为政协委员的社会形象。

尽职履责助力政协形象

在政协组织的鼓励下，只要有机会“用公益推动进步”，我都会尽力去做。因为我知道，政协组织是委员充分尽职履责、发挥作用的基础与依靠，而委员的社会影响与表现则关乎政协组织的社会认知与形象。为此，我多年来一直关注和致力于公益事业，希望通过努力传播政协组织、政协委员的正能量与影响力。

2011年温州动车事故中，特警支队长邵曳戎坚持“救人第一”才挽救了最后一个幸存者“小伊伊”的生命。我用微博向“按照党的一贯教导，坚持以人民的生命和利益为最高命令”的邵支队长致敬，并承诺该微博被转发一条我就捐一元钱帮助小伊伊。微博在24小时内被转发超过90万条，并引起全国媒体的广泛关注。

前几年屡有“见死不救”的报道，我认为主要原因在于缺乏“让救人者无后顾之忧”的机制，道德教育可提“舍生取义”，机制设计则须让“取义”无须“舍生”。当天津出现救人者被判赔偿的“许云鹤案”时，我在微博呼吁建立“兜底机制”，由基金支付同类事件的救治费用，并承诺我个人出资先为许案“兜底”。随后又在广东省政协大会发言呼吁“用立法为救人者撑腰，用机制为无责案件兜底”，建议设立“道路交通事故救助基金”。2012年开始，广东省和一些地级市都设立了类似的基金，发挥了积极作用。

去年7月，“凄美北京爱情故事”的主角、下岗工人廖丹的故事传遍全国。我认为个案折射出的是社会保障制度的缺失，于是用微博承诺为廖丹支付全部赔款，呼吁对他依法从轻判决，并“尽快建立、完善大病医疗救助制度”，引起媒体、网民的关注和热议。一个月后国家发改委等六部门下发大病医保的指导意见，立显党和政府的“执政为民”。廖丹也被法院从轻判以缓刑，彰示法律和民意的统一。

这些努力让我也因此获得了多项公益奖项，如广东省文明办的“广东好人”、人民网的“2012 年度微公益人物”等。媒体和社会各界除了对我的呼吁和建议的支持，还表达了对“政协委员”身份的充分肯定，进而增进了社会对人民政协的认识与了解。这让我充分体会到：既要想方设法发挥政协组织与政协委员的优势，也要千方百计为扩大人民政协影响做些实事。只有如此，才能真正当好一名政协委员。

使国企高管成为真正的企业家①

2013 年 12 月 23 日

国企改革是全面改革的重要内容。但是，首先必须明确改革的目的和思路。

要对一个企业或一类企业进行改革，目的主要是提高企业效率。企业效率不取决于投资者的性质，资本金无论来自国资还是民资，或者外资，一样都是钱，都没有原罪。企业效率主要取决于经营者的活力，特别是创新力。如果股东自己经营企业，“赚钱归自己”，当然有动力、有活力，个体户、家族企业就是如此；如果经营者不是股东，只要建立激励有效、约束有力的“委托代理机制”，同样可以对经营者激发活力、驱动创新，全球市值最大的前十个公司都不是由股东直接经营的。

我国国企的资产回报率从总体上低于其他企业，高盛研究报告说“2012 年度低 6.5 个百分点”。同理，我们也不能把国企效率低下归咎于“国有”，而应该去“委托代理机制”、企业治理结构上找原因。因此，作为我国基本经济制度的主体，国企的改革决不能片面强调“国退民进”（虽然这种观点很受追捧），而只能按照三中全会《决定》开出的药方，叫作“健全协调运转、有效制衡的公司法人治理结构，建立职

① 国企改革是我国改革的重点、难点。不少论者纠结于所有制形态本身，我一直认为不论股东背景的“国有”“民营”，“委托代理机制”才是提高企业效率的关键。本文为 2014 年广东省政协大会现场发言。

业经理人制度，更好发挥企业家作用”。

怎么样才能“健全”“建立”“发挥”？我们的建议是：去行政化。为什么要去行政化？让我们先来看看“行政化”下国企高管的某些状态：

一是“身在曹营心在汉”。虽在企业，却有“行政级别”，干不好换个地方照样做官；职务由上级任命，当上级要求和企业利益不一致显然应该选择前者；行政体系讲究“上行下效”，“主管部门感冒，下属企业吃药”就成了通病。总之，关云长的主子、关系、归属都不在曹营，一定不会全心全意为曹操卖命。

二是“干好干坏一个样”。高管薪酬非市场化、固定化，主要的依据是“有关规定”，与企业的效益和发展关联度不高，“企业价值最大化”很难成为国企高管的目标，灰色收入“损企肥私”却往往成为他们的选择。市场化选聘高管后的国企，薪酬的双轨制更是人为制造矛盾、打击士气，如中海油上市公司就闹过“集团派驻的高管把工资收入上缴给集团公司”的笑话。不论业绩，只看“身份”，严重扼杀企业活力。

三是“做一天和尚撞一天钟”。既是“干部”，就要“定期交流”，国企高管没有动力对企业进行长期规划，更无法把企业发展视为自己的事业。更有甚者，如电信运营商层面发生过的竞争对手之间的“一把手轮换”，使得你今天设计的竞争举措，明天针对的就是你自己，何来竞争动力？

四是“带着镣铐跳舞”。刑法规定国企管理人员包括外派人员都要承担和“国家工作人员”一样的刑事责任，贪污、受贿、挪用公款、不明财产来源、私分国有资产、玩忽职守，甚至“签订合同被骗”等罪名时时刻刻挂在国企高管头上，他们在市场开拓和企业经营中怎么能不谨小慎微、不举步维艰?!“免责”“避险”等官场铁律，一定把企业家最需要的创新、试错精神挤在一边。

本来，国企拥有的资源多于民企，国企高管从总体上也都是兢兢业业的业界精英，国企的内部管理水平也比民企要高，为什么效率却比民企要低？我们认为：正因为“行政化”下的国企高管不是企业家，不是职业经理人，缺乏提高企业价值的内生动力，活力不足、效率低下就在所难免。

因此，要焕发国企活力、提高国企效率，去行政化是无法回避的选择。具体建议如下：

一是取消国企的行政级别，所有管理人员，无论是原有的还是市场化选聘的，都不再具有“干部”身份，彻底松绑。对于原有国企高管，可以提供回到机关事业单位和留在企业的两种选择。

二是按照市场对同类企业职业经理人的定价标准，确定国企管理人员的待遇。同时，对于职务待遇、职务消费、业务消费也按市场化标准进行规范。

三是按照企业的价值对高管进行考核，并采取相应的激励措施，包括股权激励等，只以业绩论英雄。其中，对于国企特有的社会责任也应纳入量化考核，如政策性、公益性的亏损应计增考核盈利等。

四是国企高管的任免、任期等，完全由股东会、董事会根据企业业绩和发展需求确定，不再由“主管部门”任免、调动，不再参照党政干部的退休年龄。“党管干部”的原则，通过股东会、董事会的机制去实现。

五是修改法律，打碎“镣铐”。三中全会已经明确公有制财产和非公有制财产“同等受到法律保护”，国企管理人员不应承担比非国企高管更重的法律责任，特别是刑事责任；各国法律，无论是大陆法系国家、普通法系国家还是俄罗斯等国的法律中，都没有把企业管理人员视同国家公职人员的规定。因此，刑法第九十三条关于国有企业管理人员和外派管理人员都“以国家工作人员论”的规定应尽快取消，企业管理人员应负的刑事责任在刑法其他部分已有详尽列举。

六是在非自然垄断行业的国企尽可能实现“混合所有制”。必须强调：混合所有制的意义不是所谓“去国有化”，而在于混合所有制所带来的股份结构的多元化有利于推动法人治理结构和职业经理人制度的完善。

当然，国企有不同的类型，某些自然垄断行业的国企，企业的发展对企业家个人的依赖很低，这样的企业可以在某种程度上沿用原有体制。除此以外的国企，只有在市场竞争中最大限度发挥企业家团队的创新、才能生存发展，“去行政化”刻不容缓。

修订法律，对不同所有制财产“同等保护”[①]

2014年1月9日

《中共中央关于全面深化改革若干重大问题的决定》（以下简称《决定》），在基本经济制度和产权理论上做出了重大创新，第一次提出“公有制经济和非公有制经济都是社会主义市场经济的重要组成部分，都是我国经济社会发展的重要基础”，并用两个“毫不动摇”、两个“不可侵犯”、“同等受到法律保护，依法监管各种所有制经济”等，明确了公有制财产和非公有制财产的同等地位。而在我国的现行法律，主要是宪法和刑法中，公有制财产和非公有制财产的法律地位是不同等的，应该按照《决定》进行相应修改。具体建议如下。

一、关于宪法的修改建议

宪法对于各种所有制经济的地位、作用、权利利益、保护力度等的规定集中在“第一章　总纲”，修改建议也针对总纲部分。

（一）第六条原文为：

中华人民共和国的社会主义经济制度的基础是生产资料的社会主义公有制，即全民所有制和劳动群众集体所有制。社会主义公有制消灭人

① 党的十八届三中全会通过的《决定》明确要求对不同所有制财产的“同等保护”，但在现行法律中，对非公有制产权保护不足，对公有制企业高管保护不足。本文发表在2014年1月9日《南方周末》。

剥削人的制度，实行各尽所能、按劳分配的原则。

国家在社会主义初级阶段，坚持公有制为主体、多种所有制经济共同发展的基本经济制度，坚持按劳分配为主体、多种分配方式并存的分配制度。

本条是对基本经济制度的表述。第一款表述“社会主义经济制度”，第二款表述“社会主义初级阶段”的“基本经济制度”。

《决定》对“坚持和完善基本经济制度”的表述是：“公有制为主体、多种所有制经济共同发展的基本经济制度，是中国特色社会主义制度的重要支柱”，“公有制经济和非公有制经济都是社会主义市场经济的重要组成部分，都是我国经济社会发展的重要基础”，已经不限于“初级阶段”。因此，建议对第六条修改如下：

将一、二两款合并；删去和宪法“总纲”重复的“消灭人剥削人的制度”；删去两款之间重复的“按劳分配”；删去“在社会主义初级阶段”。

增加第二款：“国家保证各种所有制经济依法平等使用生产要素、公开公平公正参与市场竞争、同等受到法律保护，依法监管各种所有制经济。”这是《决定》第五条的原话。

修改后的第六条为：

中华人民共和国的社会主义经济制度的基础是生产资料的社会主义公有制，即全民所有制和劳动群众集体所有制。国家坚持公有制为主体、多种所有制经济共同发展的基本经济制度，坚持按劳分配为主体、多种分配方式并存的分配制度。

国家保证各种所有制经济依法平等使用生产要素、公开公平公正参与市场竞争、同等受到法律保护，依法监管各种所有制经济。

（二）第七条原文为：

国有经济，即社会主义全民所有制经济，是国民经济中的主导力量。

建议修改：

将“主导力量”改为“重要基础”，这是《决定》“坚持和完善基本经济制度”部分的原话。

（三）第十一条原文为：

在法律规定范围内的个体经济、私营经济等非公有制经济，是社会主义市场经济的重要组成部分。

国家保护个体经济、私营经济等非公有制经济的合法的权利和利益。国家鼓励、支持和引导非公有制经济的发展，并对非公有制经济依法实行监督和管理。

建议修改：

删去“在法律规定范围内的个体经济、私营经济等”的定语。因为：个体经济、私营经济本来就是依法设立的；非公有制经济也不限于个体和私营，《决定》要求“积极发展”的混合所有制经济也应在此内；宪法第七条对国有经济、第八条对集体经济都没有用“法律规定”的用语。

在“非公有制经济”后加上“是我国经济社会发展的重要基础”，这是《决定》“坚持和完善基本经济制度”部分的原话。

删去“并对非公有制经济依法实行监督和管理”，因为《决定》第五条的要求是“依法监管各种所有制经济”，已经建议增加在第六条中。

修改后的第十一条为：

非公有制经济是社会主义市场经济的重要组成部分，是我国经济社会发展的重要基础。国家保护非公有制经济的权利和利益，鼓励、支持和引导非公有制经济的发展。

（四）第十二、十三条原文为：

第十二条　社会主义的公共财产神圣不可侵犯。

国家保护社会主义的公共财产。禁止任何组织或者个人用任何手段侵占或者破坏国家的和集体的财产。

第十三条　公民的合法的私有财产不受侵犯。

国家依照法律规定保护公民的私有财产权和继承权。

国家为了公共利益的需要，可以依照法律规定对公民的私有财产实行征收或者征用并给予补偿。

这两条表述的是对财产的保护，建议按照《决定》第五条强调的“同等保护”原则修改如下：

去掉第十二条“社会主义的公共财产神圣不可侵犯”中的“神圣”二字，与十三条用词一致。

把第十三条“公民的合法的私有财产不受侵犯”的“不受”改为“不可”，与十二条用词一致。

在第十三条第三款后加上“除此之外，禁止任何组织或者个人用任何手段侵占或者破坏公民合法的私有财产”，与第十二条的“禁止”类描述对等。

修改后的第十二、十三条为：

第十二条　社会主义的公共财产不可侵犯。

国家保护社会主义的公共财产。禁止任何组织或者个人用任何手段侵占或者破坏国家的和集体的财产。

第十三条　公民的合法的私有财产不可侵犯。

国家依照法律规定保护公民的私有财产权和继承权。

国家为了公共利益的需要，可以依照法律规定对公民的私有财产实行征收或者征用并给予补偿。除此之外，禁止任何组织或者个人用任何手段侵占或者破坏公民合法的私有财产。

（五）第十六、十七、十八条分别表述了国有企业、集体经济组织、外资企业和经济组织的经营权利，唯独没有非公有制企业的经营权利。建议增加一条：“非公有制企业和混合所有制企业在遵守有关法律的前提下，有独立进行经济活动的自主权。”本条应放在第十八条对集体经济组织的表述之后，但为了避免宪法条目的变动，可以把同属公有制的国有企业、集体经济组织合并在十六条，把对非公有制企业的表述列为第十七条。

（六）第二十一条鼓励和支持农村集体经济组织、国家企业事业组织和街道组织举办各种医疗卫生设施中，在“街道组织”后加上“、社会资金”。这是《决定》第四十六条的要求。

九十三条第二款规定国有公司的管理人员包括外派人员视同“国家工作人员”；另一方面，又在第一百六十五条至一百六十九条的各条特别针对国企规定了若干刑事罪名。

由于这些罪名的前提是企业的所有制和管理人员的“身份”，因此，某些在非国有企业属于内部管理、分配的行为或经营失误，到了国有企业或者有国有资本的企业就成了刑事犯罪。

例如：分发奖金和“私分国有资产罪”“贪污罪”，盘活企业资产和“低价出售国有资产罪”，灵活运用资金和“挪用公款罪”，对外交往和“不申报境外存款罪”，在市场竞争中企业难免遭遇的风险、损失和“签订合同被骗罪”、“不负责任造成企业严重损失罪”，等等。

刑法的基本原则就是“平等适用”和“罪刑相应”。同样的行为，承担的刑事责任也应该相同。同为企业，实施了同样的行为，如果仅仅因为所有制和“身份”不同，使得罪与非罪、重罪与轻罪大相径庭，显然有悖于刑法基本原则。

在刑法颁布后的几年里，全国人大和“两高”对于“国家工作人员”“国家机关工作人员”的身份问题颁布了超过20件的立法、司法解释及有关批复。司法实践中关于某一嫌疑人到底是不是“国家工作人员”、能不能以贪污受贿渎职等罪名处罚，控辩各方的各种争辩、学术讨论也是汗牛充栋、无出其右。如果涉及刑法近三分之一章节的重大规定，需要如此反复解释、引起广泛争议，显然也不符合刑法的“明确性”原则。

在企业实务中，上述规定也在客观上成为对国企高管正常工作的束缚。由于罪与非罪的界限难以明确划分，国企高管的“理性选择”只能是避险、免责，企业家最需要的创新、试错一定被挤在一边。“戴着镣铐跳舞”，是市场竞争中国企高管的真实写照。

需要指出的是：世界各国的法律，无论是大陆法系国家的还是普通法系国家的，都没有把企业管理人员视同国家公职人员。俄罗斯等国的刑法，也只是对具体行为的界定，而没有对身份的区别。我国刑法的上述规定，几无“国际惯例”可循。

按照《决定》，公有制财产和非公有制财产“同样不可侵犯”“同等受到法律保护”，那么，同样的行为，不同所有制的企业及其高管承担的法律责任也应该相同。随着改革的深入，政资分离、政企分开、去行政化、混合所有制等都将逐步实施，除个别继续行使国家行政管理职能的央企以外的国企越来越回归企业的本源。无论是为了贯彻刑法的基本原则，还是为了焕发国企活力、提高国企效率，都迫切需要按照《决定》的要求对刑法进行必要的修改：

（一）取消刑法第九十三条第二款关于国企工作人员和派出人员“以国家工作人员论”的规定。

（二）将刑法中的“国家工作人员”“国家机关工作人员”改称为“国家公职人员”，并明确界定范围。在改革后，如继续存在“行使国家行政管理职权”的国有企业，其高管也应属于国家公职人员。

（三）对刑法第一百六十五至一百六十九各条的内容，按照对各种所有制一视同仁的标准进行修改，使企业及其管理人员的法律责任不再以所有制区分，真正做到《决定》所要求的“依法监管各种所有制经济”。

刑事罪责不再区分所有制，是否会影响国企反腐？事实上，国企高管“贪腐”的部分原因正是原有条条框框之下的激励不足：部分高管在激烈的市场竞争中为企业的发展承担了风险、付出了心血，但得不到符合市场标准的回报和保障，所以有心理失衡、利益冲击下的违法，“昔日烟王今日橙王”的褚时健就是典型的例子。

修订法律后，参与市场竞争的国企高管已经消除了按照市场标准得到激励的法律障碍，应该可以减少此类贪腐。仍然发生的贪腐，对于继续“行使国家行政管理职权”的国有企业依然可以视同国家公职人员进行惩处，其余国企高管的行为也完全可以适用刑法第三章“破坏社会主义市场经济秩序罪”、第五章“侵犯财产罪”及其他相关规定。

“初级阶段”之后怎么办？[①]

2014 年 3 月 6 日

作为国家的根本大法，宪法对于经济制度的规定，从根本上决定着本国公民和外国投资者的信心，对社会经济的发展有着深远的影响。而我国现行宪法第六条关于经济制度的表述存在着不确定性，需要做出修改或解释，详述如下。

宪法第六条的含义辨析

现行宪法第六条全文为：

> 中华人民共和国的社会主义经济制度的基础是生产资料的社会主义公有制，即全民所有制和劳动群众集体所有制。社会主义公有制消灭人剥削人的制度，实行各尽所能、按劳分配的原则。
>
> 国家在社会主义初级阶段，坚持公有制为主体、多种所有制经济共同发展的基本经济制度，坚持按劳分配为主体、多种分配方式并存的分配制度。

① 我国宪法对“多种所有制”的基本经济制度加了“初级阶段”的时间限制，但初级阶段到本世纪中叶就将被跨越。初级阶段之后应该实行什么样的基本经济制度？本文发表于 2014 年 3 月 6 日《南方周末》。

以上的第一款是1982年宪法的原有条文，第二款是1999年《宪法修正案》增加的内容。增加了第二款，使得公有制以外的所有制形式、按劳分配以外的分配方式第一次具备了宪法地位。十多年来我国社会经济发展举世瞩目的成果，充分证明了宪法对于基本经济制度的规定对于社会生产力的巨大作用。

但是，有两个问题从一开始就存在：

一、上述两款内容从本质上是互斥的。如果社会主义经济制度的基础只限于全民所有制和劳动群众集体所有制，那么，其他的所有制形式就不是社会主义的；如果社会主义公有制的分配原则只是“各尽所能、按劳分配”，那么，其他的分配形式特别是按资本分配的形式也不是社会主义的。

二、因为互斥，所以对第二款进行了严格的时间限定：“社会主义初级阶段”。这就意味着：非公有制的所有制形式、按劳分配以外的分配方式，只允许在社会主义初级阶段存在。“初级阶段”结束后呢？按文本意义理解，应该将回到第一款所规定的“社会主义经济制度”，因为非公有制、按资分配等，不但不属于“公有制”和“按劳分配”，而且都包含“人剥削人”的成分，按照第一款的规定，属于应被“消灭”的制度。

宪法学界对此基本上都持同样看法。如甘超英在《宪法学》一书的第二节“经济制度”里写道：

> 1999年《宪法修正案》提出了一个区别于“社会主义经济制度”的新经济制度概念，即在社会主义初级阶段所实行的“基本经济制度”。前者的任务是消灭剥削，而后者则要求各种经济形式“共同发展”。
>
> 个体经济、私营经济和外商投资企业都是我国改革开放以

来形成的新的经济形式，从本质上说不属于或不完全属于社会主义经济形式，有些甚至完全属于资本主义性质的经济，如外国独资企业，所以它们的整体不构成国家的经济基础的一部分。

为什么要允许这些“非社会主义的生产关系”在“社会主义初级阶段”存在？主要原因是：“由于我国还处在社会主义初级阶段，生产力发展水平还比较低，非社会主义的生产关系在一定范围内和一定程度上仍有存在的合理性和必要性。为此，1999 年《宪法修正案》第十四条、第十六条规定：‘国家在社会主义初级阶段，坚持公有制为主体、多种所有制经济共同发展的基本经济制度’‘在法律规定范围内的个体经济、私营经济等非公有制经济，是社会主义市场经济的重要组成部分’。”（刘茂林：《中国宪法导论》，第三部分“现阶段我国经济制度的特点”。）

全国人大常委会关于 1999 年《宪法修正案》的说明中也明确指出：在第六条增加第二款，是为了“进一步解放和发展社会生产力”。（田纪云：《关于中华人民共和国宪法修正案（草案）的说明》，1999 年 3 月 9 日，第九届全国人民代表大会第二次会议。）

总之，按照宪法第六条的文本原意和学界解读，个体经济、私营经济和外商投资等非公有制经济，按劳分配以外的分配形式，本身是非社会主义的。但由于生产力发展水平不高，为了解放和发展生产力，允许它们存在，但只在“社会主义初级阶段”存在。

那么，“社会主义初级阶段”还有多久？

“社会主义初级阶段”的时间范围

“我们的社会主义制度还处于初级阶段”，由 1981 年 6 月中共十一届六中全会通过的《关于建国以来党的若干历史问题的决议》首次提出。中共十三大报告对社会主义初级阶段做了系统的理论阐述，指出："它不是泛指任何国家进入社会主义都会经历的起始阶段，而是特指我国在生产力落后、商品经济不发达条件下建设社会主义必然要经历的特定阶段。我国从20世纪50年代生产资料私有制的社会主义改造基本完成，到社会主义现代化的基本实现，至少需要上百年时间，都属于社会主义初级阶段。"

在《中国共产党章程》中，则去掉"至少"二字，规定为"这是在经济文化落后的中国建设社会主义现代化不可逾越的历史阶段，需要上百年的时间"，据此可以更加确切地预期："初级阶段"将在本世纪中叶被跨越。

中共十五大报告提出了社会主义初级阶段的八个特征，概括为"社会主义的初级阶段，就是不发达的阶段"，指出："我国进入社会主义的时候，就生产力发展水平来说，还远远落后于发达国家。这就决定了必须在社会主义条件下经历一个相当长的初级阶段，去实现工业化和经济的社会化、市场化、现代化。这是不可逾越的历史阶段。"

而按照中共十八大报告的预言，"在新中国成立一百年时建成富强、民主、文明、和谐的社会主义现代化国家"。届时，既然已经实现了社会主义现代化，以"经济文化落后"为特征的社会主义初级阶段自然应该结束，也应该在本世纪中叶。

综上所述，无论是按照执政党对初级阶段所需时间的描述，还是按照执政党对于经济社会发展水平的预期，"社会主义初级阶段"都会在本世纪中叶结束，这也是几乎所有关于"社会主义初级阶段"的论文和教材的"标准答案"。再过三十多年就到本世纪中叶，宪法关于经济制度的规定，将从根本上影响公民对资产的代际传承、长远安排，三十多年的提前量已经不多。

在本世纪中叶我国从社会主义初级阶段迈向社会主义成熟阶段之际，是继续坚持宪法第六条第二款规定的基本经济制度和分配制度，还是回到宪法第六条第一款所述的单一的公有制和单一的按劳分配，是一个必须及时面对并且明确回答的重大问题。

对“初级阶段”之后经济制度的认识

一、执政党对社会主义理论的创新，使得在判定社会性质时更注重制度的功能和运行效果，而不是制度的具体形式。

改革开放以来，中国共产党持续创新着社会主义理论，主要方向是从“结构性社会主义”发展为“功能性社会主义”，即：不再僵化于制度的具体形式，如所有制形式（公有制、非公有制、混合所有制）、经济运行方式（计划控制、市场调节）、分配方式（按劳分配、其他分配方式），而更注重制度运行的社会效果，如邓小平的“三个有利于”、江泽民的“三个代表”、胡锦涛的“坚持以人为本”、习近平的“人民对美好生活的向往，就是我们的奋斗目标”。

这些创新，不断完善着中国特色社会主义理论体系，其最新的宣示在《中共中央关于全面深化改革若干重大问题的决定》（以下简称《决定》）中：“高举中国特色社会主义伟大旗帜，坚持社会主义市场经济改革方向，以促进社会公平正义、增进人民福祉为出发点和落脚点，进一步解放思想，解放和发展社会生产力，解放和增强社会活力。”其中的公平正义、人民福祉、社会生产力、社会活力，都是制度的功能和效果。至于制度的方向，是非常明确的“社会主义市场经济”，而不是相反。

要证明社会主义社会（无论是初级阶段还是成熟阶段）存在多种所有制、多种分配制度的合理性，有两种途径：第一种是以某种方式说明非公有制和非按劳分配是权宜之计，是不得已的退步，1999 年《宪法修正案》采取的实际上是这种途径，这也是当年唯一可行的方式；第二种是证明社会性质主要取决于运行效果，而与具体的制度形式基本无关，这就是中国特色社会主义理论。“不管白猫黑猫，捉住老鼠就是好猫”，是最简洁、形象的表述。

二、执政党已经多次明确：基本经济制度对应整个中国特色社会主义，而不仅仅限于“初级阶段”。

中共十八大报告论述：“中国特色社会主义制度，就是人民代表大会制度的根本政治制度，中国共产党领导的多党合作和政治协商制度、民族区域自治制度以及基层群众自治制度等基本政治制度，中国特色社会主义法律体系，公有制为主体、多种所有制经济共同发展的基本经济制度，以及建立在这些制度基础上的经济体制、政治体制、文化体制、社会体制等各项具体制度。”明确无误地把“公有制为主体、多种所有制经济共同发展”规定为中国特色社会主义的经济制度。

《决定》强调：“公有制为主体、多种所有制经济共同发展的基本经济制度，是中国特色社会主义制度的重要支柱，也是社会主义市场经济体制的根基。公有制经济和非公有制经济都是社会主义市场经济的重要组成部分，都是我国经济社会发展的重要基础。”进一步明确了多种所有制经济与中国特色社会主义、与社会主义市场经济、与我国经济社会发展的关系。

那么，“中国特色社会主义”是否就是“初级阶段的社会主义”呢？以“中国特色社会主义”为标题关键词的中共十五大报告，预计社会主义初级阶段是“在社会主义基础上实现中华民族伟大复兴的历史阶段。这样的历史进程，至少需要一百年时间。至于巩固和发展社会主义制度，那还需要更长得多的时间，需要几代人、十几代人，甚至几十代人坚持不懈地努力奋斗”。

显然，中国特色社会主义，既包括“初级阶段”，也包括“巩固和发展社会主义制度”的阶段。既然基本经济制度“是中国特色社会主义制度的重要支柱”，那么，不仅应该在“初级阶段”坚持，也应该在“巩固和发展”阶段坚持。

三、我国社会主义建设的实践，使得回到单一的公有制缺乏正当性和可行性。

我国三十五年的改革开放，主要标志之一就是从单一的公有制走向多种所有制共同发展，相应地从单一的按劳分配走向多种分配方式并存。正是依靠着这一基本经济制度和分配制度，我国的社会生产力才得到极大的解放和发展，社会经济发展才取得举世瞩目的成就。现行宪法从 1982 年颁布以后的共三十条修正案中，有十四条就是为了在不同阶段确认这一进程。如果我们通过发扬包括基本经济制度在内的制度优势，在本世纪中叶实现了社会主义现代化、完成了“社会主义初级阶段”，然后，就要放弃基本经济制度，回到单一的公有制，这显然是完全荒谬的。

随着改革开放，非公有制经济在我国国民经济中的比重逐年增加。2013 年 3 月，全国工商联主席王钦敏在全国政协十二届一次会议新闻发布会上答记者问时提供了一组数据：2012 年的税收比重超过 50%，GDP 比重超过 60%，就业贡献超过 80%，新增就业贡献达到了 90%。

与此相应，主要由非公有制经济人士和自由择业知识分子构成的“新阶层人士”的数量迅速增长，作用与日俱增。为此，中共十六大报告把在社会变革中出现的新的社会阶层定义为“中国特色社会主义事业的建设者”，2004 年还据此通过了一条宪法修正建议，在关于统一战线的表述中增加“社会主义事业的建设者”。如果回到单一的公有制、单一的按劳分配，广大新阶层人士安身立命的所有制形式、赖以生存的分配方式将不复存在，严重的社会分裂和动荡将难以避免。

总之，改革开放的目的是“让一切劳动、知识、技术、管理、资本的活力竞相迸发，让一切创造社会财富的源泉充分涌流”。在靠着“活力竞相迸发”和“源泉充分涌流”，实现了社会主义现代化之后，过河拆桥、卸磨杀驴、扼杀活力、封死源泉，这不但荒谬、不可行，也一定不是中国共产党和中国人民的选择。

四、宪法的整体架构决定了不可能回到单一公有制。

首先，宪法第十五条明确规定：“国家实行社会主义市场经济”，并没有加以“初级阶段”的限制。而市场经济的前提，就是市场的参与者必须是产权明确的独立个体，所以说市场经济体制的核心是产权制度。如果除了公有制以外没有其他的所有制形式，除了“全民”和“集体”以外没有任何其他人格化的资本，市场竞争将不复存在，市场经济也将名存实亡。

其次，宪法明确规定“国家保护个体经济、私营经济等非公有制经济的合法的权利和利益”“公民的合法的私有财产不受侵犯”“国家依照法律规定保护公民的私有财产权和继承权”，这就从根本上杜绝了“赎买”“公私合营”等“社会主义改造”的途径。在非公经济的资产已是半壁江山的现实情况下，回到单一的公有制已不可能。

修改建议

综上所述：宪法第六条的内容由于需兼顾社会主义的“结构”和“功能”，具有不确定性；在“社会主义初级阶段”之后回到单一公有制既不是执政党的本意，也不具备法律和现实的可行性；随着“本世纪中叶”这一标志着社会主义初级阶段结束的时间点的临近，如果关于宪法、关于经济制度的规定引起误读，不利于稳定人心、凝聚共识，建议修改为：

> 中华人民共和国的社会主义经济制度的基础是生产资料的社会主义公有制，即全民所有制和劳动群众集体所有制。国家坚持公有制为主体、多种所有制经济共同发展的基本经济制度，坚持按劳分配为主体、多种分配方式并存的分配制度。

这样，既保留了对社会主义的经典阐述，又避免了对基本经济制度阶段性的误读。执政党的主张通过宪法成为国家意志，一定能给全国人民和国际社会以明确的预期。

关于解决快递行业交通工具存在的突出问题的建议[①]

2014年6月30日

我国快递行业发展迅速。按照对占快递业60%份额的“三通一达”（申通、圆通、中通、韵达公司）截至今年6月底的统计数据的推算，快递从业人员已超过100万人，网点数量超过8万个，每天收寄的包裹接近4000万件，并以每月环比30%的速度连续增长。随着电子商务的发展，快递业已经并将越来越成为广大群众日常生活不可或缺的方式。但是，快递业的发展也存在着一些亟须解决的问题，现就快递企业交通工具使用中存在的一些突出问题反映和建议如下。

一、对货运汽车“同一行业，不同政策”

《中华人民共和国邮政法》（以下简称《邮政法》）第二十八条规定：“带有邮政专用标志的车辆运递邮件，确需通过公安机关交通管理部门划定的禁行路段或者确需在禁止停车的地点停车的，经公安机关交通管理部门同意，在确保安全的前提下，可以通行或者停车。”据此，在各地的交通管理中，对“中国邮政”的货运汽车，不受尾号限行、货车禁行、道路禁停等交通管理措施的影响。但对于民营快递业的货运

① 九三学社中央从2014年开始定期召开“科学座谈会”，这是我在首次“科学座谈会”上的建议，由九三学社中央作为建议上报。

汽车（全国约5万台），即和普通货车一样受到各种限制。各民营快递企业反映较为强烈。

从方便广大群众、快递业的成本效率、公平的政府管理和市场监管等各个角度，这种“同一行业，不同政策”的状态都应被改变，因此建议：

（一）《邮政法》第六章“快递业务”的第五十九条，列举了各种对邮政企业的规定适用于快递企业的情形，应在该条中增加：“第二十八条对‘带有邮政专用标志的车辆’的规定，适用于快递企业经过公安机关交通管理部门核发特许通行证的车辆。”

（二）由公安部下发规定，在实行尾号限行、货车禁行等交通管理措施的城市，由快递企业向公安机关交通管理部门提出申请，由交管部门根据该快递企业在当地的业务量，核发一定数量的特许通行证，持有通行证的车辆可不受有关交通管理措施的限制。

二、对电动自行车的限行

快递业拥有的两轮电动自行车已超过50万辆。虽然国家公安部、工信部、工商总局、质监总局四部委明确指出“电动自行车以其经济、便捷等特点，成为群众出行的重要交通工具”，并要求“以各种方式为群众办理电动自行车登记提供便利”，但不少城市仍然对电动自行车设置了不少的禁行路段，从而对快递业的配送造成较大困难。

无论从能源消耗、排放控制、对道路和停车场地的占用、购置和使用成本等各方面考虑，快递企业使用电动自行车，都是较汽车、摩托车等更优的选择。因此建议：由公安部下发规定，在对两轮电动自行车实行限行措施的城市，由快递企业向公安机关交通管理部门提出申请，由交管部门根据该快递企业在当地的业务量，核发一定数量的通行证，持有通行证的电动自行车可不受限行。但应实行以下管理措施：

（一）快递企业电动自行车的安全性能、环保标准、电池类型等必须符合国家技术标准中的上限；

（二）快递企业应对电动自行车电池的回收制定有效措施；

（三）快递专用电动自行车必须统一喷涂，便于辨识；

（四）使用快递专用电动自行车的从业人员应统一着装。

三、电动三轮车的非法行驶

快递业使用的电动三轮车已超过10万辆，仅在北京就超过3万辆。但是，由于电动三轮车的时速、重量、体积都超过电动自行车的技术标准，故不属于非机动车；我国的机动车实行“公告管理”，国家发改委公告的机动车目录中至今没有任何一种电动三轮车，故也不能按照机动车上牌管理。因此，现有的电动三轮车既不上牌，驾驶人也不要求有驾驶执照，还不购买保险，完全处于违法状态。既对机动车、非机动车、行人都构成威胁，更挑战法律的权威。前不久媒体广为报道的京东董事长刘强东“开车送货”照片中的电动三轮车，也是非法车辆。

与“面的”、“小四轮”、汽油三轮摩托车等相比，电动三轮车的废气、噪音、能效等都明显胜出。在快递包裹重量、体积超过电动自行车运载能力时，从环境、能耗、通行效率、快递企业成本等各个角度考虑，符合机动车安全、技术指标的电动三轮车都是比货运汽车更优的选择。因此建议：

（一）由国家发改委按照机动车安全技术条件对电动三轮车进行严格审核，必要时要求厂家重新设计或改进，将通过审核的电动三轮车予以“公告”。

（二）由公安部发布规定，重申电动三轮车不属于非机动车，不准在非机动车道上行驶，消除对非机动车道上的自行车、行人的威胁。并规定对国家发改委“公告”的电动三轮车，暂时只允许快递企业按照交管部门核定的数量登记、上牌。

（三）交管部门对快递企业的电动三轮车进行严格管理，包括驾驶员必须持有驾驶执照、车辆必须购买足额保险、必须按照营运汽车进行各种安全技术检查、禁止在非机动车道行驶等。

快递业既密切关系到广大人民群众的日常生活，又是现代物流产业的重要组成部分，还是不同所有制企业竞争比较充分的典型行业。解决快递业存在的问题，既方便群众，又促进产业发展，还是落实三中全会“对不同所有制企业同等监管”要求的实际举措。特此建议。

警惕长官意志变“地方性法规”[1]

2015 年 4 月 9 日

立法法本次修订的一个主要亮点是“一放一收”。“放”，指的是“放开”地方立法权，允许地级市对“城乡建设与管理、环境保护、历史文化保护等方面的事项制定地方性法规”；“收”，指的是“收紧”行政规章，“没有法律、行政法规、地方性法规依据，不得设定减损公民、法人和其他组织权利或者增加其义务的规范”。这是落实四中全会决定，“全面依法治国”的重要一步。

立法应有公开博弈过程

但是，不能认为“地方性法规”天然地就优于行政规章。例如：节能环保型小排量汽车是公认的绿色、环保交通工具，科技、产业、政府、民间都在全力推动。国家六个部委早在 2006 年就联合下发《关于鼓励发展节能环保型小排量汽车的意见》，明确规定：“各地不得以缓解交通拥堵等为由，专门对节能环保型小排量汽车采取交通管理限制措施；各地不得出台专门限制小排量汽车的规定，不得采取任何形式的地方保护措施。”由于早期小排量车技术性能较差而“禁小”的北京、上

① 2015 年我国立法法放开了地方立法权，但必须有切实可行的措施防止地方的“长官意志立法化”。本文发表于 2015 年 4 月 9 日《南方周末》。

海、广州纷纷解禁。

至今唯一在全国范围内（很可能也是在全世界范围内）坚持禁止节能环保型小排量汽车的，是一个以“生态”为名片的“全国环保模范城市”。该市对人大代表和政协委员的答复，甚至在给省政协的公函中，多次重复：“2006 年、2011 年，省政府根据国家关于鼓励发展节能环保型小排量汽车的意见，曾发文要求各地清理针对节能环保型小排量汽车的限制性规定。市政府依据《××经济特区道路交通安全管理条例》的相关规定，态度鲜明坚持不准。”

可见，在某些干部心目中，“经济特区立法权”可以名正言顺地违背中央政府的明确规定。新华社也曾报道，某地的《母婴保健条例》违背婚姻法规定，实行“强制婚检”；某地级市的地方法规强制要求房产开发企业在申请预售证时必须为每部电梯缴纳不低于 25 万元的“首次更新费”；等等。

出现以上现象，立法经验不足、立法人才稀缺、群众观念淡薄等原因是表层的，问题的根本在于：立法的本质上是各种社会利益的分配和协调，“法律”优于“规章”，前提必须是不同利益群体、不同意见群体的充分博弈，以及这种博弈的结果对立法内容的实质影响。

而在某些地方立法的过程中：第一，没有真正利益相关者的“博弈”，更谈不上“充分”。例如在某一“较大城市”“立法禁售电动自行车”的听证会，受影响最大的快递行业竟无一个代表参加。

第二，即使有形式上的“博弈”，但博弈的结果对立法进程没有实质性影响，如以某“经济特区”的一项“特区立法”在征求市民意见时遭到95%的参加者反对，但照“立”不误。

考虑到地级市的立法人才现状、人大常委会人员结构（书记兼主任、成员中党政干部比例较高）、地方主官的法治观念等因素，如果对地方立法的范围不进行规范，有可能导致在地方立法中出现“红头文件法制化”、地方“党政主官意志法制化”、“地方保护主义法制化”等。而且，由于具备了“地方立法”的形式，具有更大的强制性，也更难纠正。因此，必须对其范围进行规范，而规范的重点是对“公民、法人和其他组织权利和义务”的调整。

立法法新增规定：“没有法律、行政法规、地方性法规的依据，地方政府规章不得设定减损公民、法人和其他组织权利或者增加其义务的规范。”“因行政管理迫切需要，可以先制定地方政府规章。规章实施满两年需要继续实施规章所规定的行政措施的，应当提请本级人民代表大会或者其常务委员会制定地方性法规。”

这些规定的出发点是对“地方政府规章”的限制。如果仅仅从“形式”去理解立法法的上述规定，就容易被“掌握”成：“地方政府规章”不可以减损权利、增加义务，“地方性法规”就可以；原有的减损权利、增加义务的行政措施，只要通过地方的人大，或人大常委会制定了“地方性法规”，就是“合法”的了。不管什么“酒”，换个瓶子就行。殊不知，在一些地方，从“政府规章”变成“地方性法规”，只要党政主官坚持，除了“走程序”需要一些时间外，近乎“举手之劳”。这应该不是立法法的初衷。

减损权利与增加义务：设立“清单”制度

我认为：公民、法人和其他组织的权利和义务的相对稳定，是社会稳定的基础。我国宪法、法律对权利和义务的规定已经比较完整、具体、明确。在宪法和法律之外，在某一地区是否可以额外地减损某一类公民、法人和其他组织的权利或增加其义务，属于重大、复杂的立法事项。立法法修正案规定所有的地级市将对“城乡建设与管理、环境保护、历史文化保护等方面的事项”制定地方性法规，原有的“经济特区立法”“较大城市立法”的立法范围更广，都有可能涉及公民、法人和其他组织的权利和义务。而立法法本身对于“地方性法规”在什么情况下可以减损权利及增加义务、可以减损哪些权利及增加哪些义务等并没有做出相应的限制，只有“不同宪法、法律、行政法规相抵触”的一般性规定。我认为：至少在目前阶段，在某一地区是否可以额外地减损某一类公民、法人和其他组织的权利或增加其义务，应该由全国人大（或由全国人大授权的省级人大）行使，保证我国作为“单一制国家”的法制统一。我建议采用“正面清单”的形式对涉及权利和义务调整的事项进行统一、规范，具体做法是：

一、以适当的法律形式，制定《地方性法规可以对公民、法人和其他组织的减损权利或增加其义务的事项清单》，将“地方”分为“经济特区”、“较大城市”和“设区的市”三类，对于每一类“地方性法规”能够减损公民、法人和其他组织的权利和增加其义务的事项做出列举式规定。如：“在机动车人均拥有量超过×××时，可以对机动车实现限购、限行的措施，并可对国家鼓励的新能源汽车做出适当的优先规定。”

二、该清单由全国人大常委会（或其授权的省级人大常委会）制定。除了清单所列事项，地方性法规不能减损公民、法人和其他组织的权利或增加其义务。

三、该清单内容可以由全国人大常委会（或其授权的省级人大常委会）动态增加，即：如果某一事项未包括在清单中，但又为某一城市的地方立法所合理需要，由该城市提出，经全国人大常委会（或其授权的省级人大常委会）审查同意后，即可将该事项加入清单。既保证了法制的统一，又满足了地方的需求。如：某一城市需要在一定区域限制电动自行车，但清单中原来没有这方面内容，该城市报送人大常委会，人大常委会在对法律、国务院部门的行政规章、产业现状、民众需求综合平衡之后，在清单中增加规定：“对于电动自行车，可以限制、禁止违反国家技术标准的产品的销售、行驶，对于符合国家技术标准的部分，应予上牌、管理，但可以在某些不具备独立非机动车道的路段或区域限制行驶。”

同时，对于立法法所规定的、作为地方法规立法程序的“座谈会、论证会、听证会”等“民主立法”的各种形式必须真正做实，保证各种利益主体、意见群体的充分博弈；备案审查、裁决、改变和撤销等机制也应该适时真正启动。

取消“非行政许可审批”，需及时填补“真空”[①]

2015 年 7 月 1 日

国务院关于取消非行政许可审批事项的决定，让“非行政许可审批”这一审批类别退出了历史舞台。

非行政许可审批，被列为“不适用于《行政许可法》的其他审批”，一度被代指为“制度后门”和“灰色地带”。彻底取消非行政许可审批，将大大减少交易成本和制度成本，极大释放市场主体的活力和创造力。但是，在一片叫好声中，对于在实施过程中出现的“管理真空”，必须尽快跟进配套措施。

“管理真空”，主要源于本次取消的非行政审批有相当一部分涉及企业、机构享受税收优惠的资质认定、审核或审批事项。如：《国务院关于取消非行政许可审批事项的决定》第 7 项“集成电路企业和国家规划布局内重点软件企业的认定”，第 15 项“中小企业信用担保机构免征营业税审批”，第 16 项“公益性捐赠税前扣除资格确认”，第 34 到 39 项“出口货物劳务退（免）税审批”，第 40、41、42 项“车辆购置税的减免审批”，第 49 项“企业从事农林牧渔业项目所得享受所得税优惠的备案核准”等。按照现行政策，企业要享受上述税收减免、优惠等政策，必须被认定相应的资质资格。认定原来通过非行政许可获

① 本文发表在 2015 年 7 月 1 日《中国改革》。

得。现在，取消了对资格、资质认定的“非行政许可”，但既没有明确替代方式，也没有明确是否可以不经过认定而享受税收优惠、减免政策。企业享受特定税收减免的政策实际就落空了。虽然“原来经过认定的资质继续有效”，可有些资质的认定是有期限的，如国家规划布局内重点软件企业的认定有效期为两年，期满后，企业就会无处认定；新的企业更是认定无门。

这种“管理真空”绝非小事。以作为国家重点支柱产业的软件和集成电路产业为例。该行业的主要资源是高技术人力资源，人力成本不能作为增值税进项进行税项抵扣，因此，国家给予软件和集成电路产品的增值税以3%的优惠；同时，给软件和集成电路企业的企业所得税以15%（“国家规划布局内重点软件企业”为10%）的优惠。按照现行政策，享受上述税收优惠的对象是经过认定的“软件和集成电路产品”和“软件企业”。现在，这种“认定”作为非行政许可审批被取消了，税务部门就失去了给企业优惠的依据。但是，如果对软件和集成电路产品实行和制造业一样的税率为17%的增值税，由于无“进项抵扣”，软件和集成电路产业将会面临全行业亏损。

因此，取消非行政许可审批事项时，对于涉及政策连续性的资质认定，应尽快采取相应的衔接措施。笔者建议可以参照以下几种思路：一、对于数量较少又比较重要的资质，采取行政许可的方式或调整为其他权力事项。如“国家规划布局内的重点软件企业”仅数百家，可采取以工业信息化部行政许可的方式认定。二、对于涉及面较广又必须认定的资质，委托行业组织认定。如一般的软件企业、软件产品认定（俗称“双软认定”），本就由省级软件行业协会先初审，然后由省信息产业主管部门“非行政许可”盖章认定。取消非行政许可后，应由省级软件行业协会完全承担认定。三、对性质单一、标准明确的资质，可以取消认定，改由企业自行申报。

无论哪种方式，都应由原发文的部门以文件形式（或国务院统一发文）明确衔接措施，使税务或有关部门有据可依。

习主席访美的启示[①]

2015 年 10 月 1 日

习近平主席访问美国是一件举世瞩目的大事。其中有四点给我以强烈的启示：一是陪同习主席访美的企业家名单；二是习主席说“中国政府的使命就是让人民过上好日子”；三是习主席宣布“中国的开放大门就像阿里巴巴芝麻开门一样，开开了就关不上了”；四是习主席回忆他年轻时代就读过《联邦党人文集》和《常识》，并强调“和平、发展、公平、正义、民主、自由，是全人类的共同价值”。

习主席此行带了十五个企业家，从他们所在公司的股权结构可以发现：其中的大部分都是“非公经济人士”。这和中国经济的比例基本一致。2013 年全国两会期间，全国工商联主席在记者招待会上公布：中国 GDP 的约 60%、税收的约 70%、就业的约 80%、新增就业的约 90%，都来自非公经济。到今年，这个比例应该有进一步的增加。那么，为什么还说“公有制为主体”？我个人体会这不是讲数量，而是讲重要性：关系到国计民生的命脉行业由国有经济控股，这就是“主导”。前一段时间，有过一些声音，例如说谁谁谁不能走，好像产权的合法所有人不能依法处置自己的财产了，产权的合法所有人要出卖、转让自己的财产要问“人民答不答应”了。习主席带了一群非公经济的企业家（其中不少都身价不菲）去美国，起到了“以正视听”的效果。

---

① 本文刊登在 2015 年 10 月 1 日人民网。

习主席刚到西雅图，发表的第一次谈话就宣布“中国政府的使命就是让人民过上好日子”。这句朴实、明白的话再次印证了中国共产党对社会主义理论的创新：从“结构型”转向“功能型”。什么是“结构”？按照对社会主义的原始定义，就是“生产资料公有制”、“计划经济”和“按劳分配”，这也是中国改革开放前的社会现实。改革开放，引入了外资，发展了多种所有制经济，实现了按资本、按知识、按技术等的分配，确立了社会主义市场经济的地位，从结构上已经突破了对社会主义的原始定义。所以，中国共产党人进行了持续的理论创新，从“发展才是硬道理”，到“三个代表”，到“以人为本”，都强调的是社会运行的实际效果，而不是结构，“不管白猫黑猫，捉住老鼠就是好猫”，是最形象的比喻。习总书记在十八大后第一次带领新班子亮相，就提出“人民对美好生活的向往就是我们的奋斗目标”，这次又向全世界宣称“中国政府的使命就是让人民过上好日子”，说明在中国共产党及其领袖的心目中，生产力的发展是第一位的，所有制形式、经济运行方式、分配形式必须服从生产力的发展。这是改革开放最根本的理论基础。

在论及改革开放时，习主席宣布：“中国的开放大门就像阿里巴巴芝麻开门一样，开开了就关不上了。”多么振奋人心的宣示！开放的成绩举世瞩目，但对于外资，特别对于境外的社会组织，时有噪音。习主席不但强调“关不上”，而且通过会见特定人士强化这一点。比如，习主席参观微软公司总部，会见包括比尔·盖茨在内的美国 IT 巨头，肯定“微软公司推动了中国信息技术产业的发展”。在担任国家副主席而后担任国家主席期间，习主席曾两次会见了作为盖茨基金会主席的比尔·盖茨，表示“高度重视同盖茨基金会的合作”。这再次证明：无论是外资企业，还是境外社会组织，都能在中国改革开放的伟大进程中发挥积极的作用。相形之下，有些论者宣称“比尔·盖茨是共济会成员，他用疫苗搞慈善，首先是在非洲推广，目的是以种族暗杀的方式，实行美国和共济会对全世界的计划生育。他到中国来，也是这个意思”，何其可笑。

在西雅图，习主席回忆道：“我青年时代就读过《联邦党人文集》、托马斯·潘恩的《常识》等著作。”以习主席的睿智，他肯定不是在做一般性的回忆，党和国家领导人在重大场合的言论都是有针对性的。那么，习主席读过的这两本书讲的是什么的呢？美国建国初期，制宪会议制定出了第一部宪法，但还必须经过所有州的批准，汉密尔顿等三人为说服纽约州人民批准宪法，写了 85 篇文章，后来这些文章被汇编为《联邦党人文集》。显然，这本书的核心就是与宪法相关的政治。比如说，里面提到普通人不是天使，统治者也不是天使，因此，政治体制设计的前提不能是“明主”“良民”。比如说，提出权力必须要靠权力来制约，野心必须要用野心来对抗，我们现在要“把权力关进制度的笼子里”，制度就是比权力更有力的权力。比如说，要把无能的邦联体制变成强有力的联邦政府，这与我们在强调“市场对资源配置的决定性作用”的同时强调“更好地发挥政府作用”也有异曲同工之妙。比如说，要保障共同体公民的安全、财产与自由，习主席再三强调的人民的“美好生活”“好日子”，本来就包含了这些内容。至于第二本书，托马斯·潘恩的《常识》，较短，主要讲的是社会和政府的关系，从以下几句话就可以窥其一斑：社会是由我们的欲望产生的，政府是由我们的邪恶产生的。社会使得我们能一体同心，从而努力地增加我们的幸福；政府的目的则是制止我们的恶行，从而消极地增进我们的幸福。社会在各种情况下都是受人欢迎的。但说到政府，即使是在它最好的情况下，也是一件免不了的祸害，而一旦碰上它最坏的时候，它就成了不可容忍的祸害，等等。习主席专门列出这两本书名，充分说明，中国共产党及其领袖，在带领中国人民实现伟大复兴的征程中，一定不会拒绝，一定会充分吸取人类文明的共同的理念、价值，包括政治文明的成果。昨天，习主席在联大发言中再次强调“和平、发展、公平、正义、民主、自由，是全人类的共同价值”，要“共同营造人人免于匮乏、获得发展、享有尊严的光明前景”，再次证明了这一点。

一个大国领袖出访的言论，是对国际、国内政治的双重宣示，这就是习主席访美给我们的启示。

构建政商关系新生态[①]

2016 年 3 月 8 日

在全面深化改革的大棋局中，政商关系的调整是关键而复杂的一步。在看望参加政协会议的民建工商联委员时，习近平总书记用“亲”“清”二字概括新型政商关系，发人深省，令人振奋。

各级政府要为人民服务、为企业办事，这是党中央一贯倡导的。但近年来，在某些地方、某些领域和企业家特别是和民营企业家接触、联系成了“瓜田李下”甚至是“雷区”“禁区”。企业的困难无从倾诉，问题无法解决，企业家的归属感、安全感有所下降，甚至连“政商关系”本身都成了贬义词。究其原因，里面不仅包含着对中央八项规定的曲解，本质上更是对中国特色社会主义基本经济制度缺乏深刻理解。因此，习近平总书记先强调基本经济制度，然后提出“亲”“清”的政商关系准则，是一种正本清源之举。

“亲”，源自基本制度。公有制为主体、多种所有制共同发展是我国的基本经济制度。在这种制度安排下，包括非公经济人士在内的新社会阶层迅速成长，非公经济也已发展成为经济基础的半壁江山。执政党是政治协商制度的领导者，理应和非公经济的企业家密切协商；政府是

---

① 习近平总书记在政协联组会上的重要讲话，通常会就一个重大专题做针对性的论述，2016 年 3 月 4 日讲话的专题就是基本经济制度和政商关系。本文发表在 2016 年 3 月 8 日《人民日报》。

社会经济发展的谋划者，也必定要倾心听取非公经济企业家的建议诉求。对领导干部而言，“亲”就是要坦荡真诚，积极作为，靠前服务，解决企业家的问题和困难，对非公有制经济人士多关注、多谈心、多引导；对民营企业家而言，“亲”则是积极主动，讲真话，说实情，建诤言，满腔热情支持地方发展。

“清”，基于“立党为公”。党和政府与民营企业的关系，在政治层面，是执政党和参政人士的政治协商关系；在经济层面，是作为经济管理者和公共服务提供者的政府与经济主体和服务对象的关系，不是个人之间的利益关系。“公私分明”是新型政商关系的重要特征。任何党政干部，最忌在交往中动贪心、私心，不能为个人谋任何私利，也不能为自己的机关、部门谋特殊利益，更不能触动“权钱交易”这根高压线；民营企业家，最忌在交往中信奉“钱能通神”而不走正道，更不能依靠“代表”“委员”等身份为自己的企业谋求特殊利益，而应该遵纪守法办企业，光明正大搞经营。

“亲”与“清”，应该成为政商双方的约定和预期。当然，在政商交往中，大多数情况下主动权都掌握在“政”的一边。政要疏，商欲“亲”而不得；政不清，商也只能“配合”。中央用“亲”和“清”为政商关系正名、定位，不仅让政商双方都有规可依、有度可量，更是为领导干部如何跟企业家打交道画出了底线，拓展了空间，协力同心、健康向上的新型政商关系指日可待。

回顾改革开放的伟大进程，企业家的获得感与安全感，是一个国家经济活力的重要来源。中央用三个“没有变”强调非公经济在我国经济社会发展中的地位和作用，进一步重申了党和政府对非公经济的大政方针，正是在向中国乃至世界做宣示：政商关系不是贬义词，而是永远需要认真经营和作为的改革重点。作为非公经济人士，只有丢弃犹豫、疑虑，全心投入建设全面小康的历史进程，为民族复兴大业尽心尽力，才能不负这一历史机遇。

用信息技术改进党内民主监督[①]

2016 年 11 月 3 日

以中国共产党超过八千万的党员数量、近十个层次的组织架构，要实现有效的党内民主、监督，光靠传统的会议、文件、讨论、信件等形式肯定远远不够，照搬、模拟手工方式的信息系统也会力不从心。

中共十八届六中全会审议通过了《关于新形势下党内政治生活的若干准则》和《中国共产党党内监督条例》，党内民主、监督已经被提到前所未有的高度。但是，在实践中存在着不少很难“两全”的选择，如：既要保证党员充分表达的权利，又要避免“七嘴八舌”的“从众效应”；既要避免信息多层传递的扭曲、失真，又要实施党组织分级的管理、领导；既要充分体现党内监督，又要切实保证决策的效率和效力；既要反映多数党员的意见，又要保证彰显“关键少数”的真知；等等。

至于在“党的各级组织、全体党员特别是高级干部都要向党中央看齐”的要求下，如何“尊重党员主体地位，保障党员民主权利，落实党员知情权、参与权、选举权、监督权”，在领导干部的知识、经历、好恶、注意力各不相同的前提下保证最终决策的正确和大政方针的稳定，更是关系到执政党和国家前途命运的重中之重。

---

① 作为世界第一大党，信息技术应是党内民主的主要手段。本文发表在 2016 年 11 月 3 日《南方周末》。

我认为：充分运用现代信息技术，创新党内民主监督的手段和机制，不失为解决这些难题的有效途径。

信息技术的巨大用处

从信息技术的角度，党内民主和监督作为对信息处理的过程，涉及信息发送、传递、分析、采用的各个环节。现代信息技术的发展，特别是互联网、大数据、人工智能等技术的日新月异，在信息发送的便利和隐私、信息传递的效率和可控、信息分析的准确和全面、信息采用的客观和最优等各个方面，都取得了突破性的进展，从技术上为党内民主和监督克服上述的“两难”、实现效率和效果的双提升提供了可能。

信息发送：党员表达意见、提出建议，可以做到直接、实时、高效。

信息传递：党员的意见、建议可以直接向相应的组织提出，不在组织之间传递，不在党员之间交流，避免互相影响，保证独立客观。

信息分析：可以由大数据技术对党员的意见建议进行分析、统计、挖掘，去伪存真，去粗存精，提炼出共性的、有效的、可操作的部分。

信息采纳：人工智能系统可以对党的理论、制度、方针、政策、准则进行学习，并且掌握和贯通，据此对党员的意见建议做出分析判断，进行方案预演，提出处理建议，提供决策参考，类似于“计算机仿真”和“人工智能博弈”。

总之，运用现代信息技术，在“民主”的层面，可以通过直接、实时的信息发送方式保障每个党员的表达权利；通过独立、隐私的信息传递渠道避免互相干扰，消除“人云亦云”。在“集中”的层面，可以通过基于大数据技术的分析挖掘得到相对客观、全面的结果，避免人工处理的片面和失误；可以通过人工智能的介入提出相对严密、一致的决策建议，减少由于领导干部经验、知识、经历等导致的偏差。

需要重构电子政务

中国在信息技术的应用上总体上呈现后来居上的趋势，但不同的应用领域之间差距很大。区别主要在于理念：是把信息技术仅仅当成一种手段，还是设计、重构，充分发挥信息技术优势的创新机制？

中国的电子商务是非常成功的，成功的原因就是利用技术优势创新了机制和模式：在电商平台上，购买者和供应商直接交易、真实评价，中间环节都被简化了，商务、物流都做到了最优。我们可以想象一下：如果还是照搬传统商务的模式，保留多个批发、零售环节，而只是在这些环节之间用信息手段提高了一些效率，电子商务不可能有今天这样的规模和效果。

反观电子政务（党务）领域，信息技术主要还是被当成提高原有环节运作效率的手段，应用思路主要是把党政机关的传统作业方式“搬到”网络上，而且主要还是党政机关内部运行的功能。党员和各级党组织之间、群众和政府之间的信息交流手段基本还是网站发布、网页浏览，最多加一点邮件、短信。移动互联网、大数据、人工智能等技术优势没有充分发挥，运作机制、模式基本没有改变。这种现状，与党和政府在我国社会结构中极端重要的地位，与党群关系在我国社会关系中非常关键的作用都很不相称。

以中国共产党超过八千万的党员数量、近十个层次的组织架构，要实现有效的党内民主、监督，光靠传统的会议、文件、讨论、信件等形式肯定远远不够，照搬、模拟手工方式的信息系统也会力不从心。只有通过现代信息技术创新机制，让党组织和党员之间的信息交流做到像电子商务那样扁平、高效、精准，在此基础上再引入大数据分析、人工智能等技术，才能事半功倍。

这样的信息系统，不光是广大党员和各级党组织之间“零距离、一对一、全天候、全方位”的高效、精准的互动平台，还能从广大党员独立、真实表达的数据资源中动态掌握“党情”，挖掘、提炼出“最大公约数”“最大共识”；还能在人工智能系统对党的理论、制度、规则和解决问题的历史案例“深度学习”的基础上提出“相对最优决策建议”；等等。

从某种意义上，系统本身也能逐步成为党内民主、监督的“虚拟参与者”（正如战胜围棋世界高手的“阿尔法狗”是围棋的“虚拟选手”），而且是水平极高、非常稳定的“参与者”（如从总体上说自动驾驶汽车比任何单个的人类驾驶员更安全、更稳定）。

具体建议

对这一系统的初步建议如下：

一、为每一个党员设立一个专用的实名账号，用于登录系统。对于使用实名制手机的党员，账号绑定手机，保证随时连接。

通过这一账号提出意见、建议后，党员可自行选择提交给哪一级党组织，直至党中央。

由党中央明确规定：党员通过这一账号提出的意见、建议，不管多么直接尖锐，不管针对何人何事，不管是否有事实依据，一律免责，不予追究。

二、党员的意见建议，直接提交给党组织，不在党员之间互通。系统不提供党员之间互相交流的功能，保证每个党员的独立性。

三、党员通过这一系统提交的意见建议，由人工和系统进行“双轨处理”。

人工：各级党组织都设专人、专门机构处理党员的意见建议，根据内容、对象、主题等或转送，或上报，或存档。

系统：按照意见、建议中的关键词，与全国党员意见建议的大数据进行比对，提炼出共性部分，形成更为成熟和完善的内容，同时进行相应的后续处理。

不论何种形式，党员提出的意见建议都应按照涉密信息管理。

四、运用人工智能的“深度学习”原理，由系统对党的理论、制度、规则进行学习理解和融会贯通（类似于“人工智能作家”对语法和修辞的学习掌握），同时对党中央解决重大问题的历史案例进行分类整理、学习积累（类似于“阿尔法狗”对大量棋谱的“积累”）。在此基础上，对党员提出的带有共性的意见建议，由系统提出“相对最优决策建议”，并提供理论、规则的依据，及历史案例的参考等。这样一个“不断学习、时刻更新、无一遗漏、永不疲倦、高度稳定”的人工智能系统，有望在不影响统一集中决策效率的前提下提供尽可能完善的决策参考意见。

这样一个系统，除了能如上所述大大提高党内民主、监督的效率和效果，还能提供其他的创新功能：

全国党员和各级党组织的多方面状况（如党员的思想动态、党组织的活跃度等），可以被动态、完整地掌握。

党组织可随时就各种问题精准地征求相关的党员群体的意见建议，如关于文化产业的发展思路，可以筛选出“从事文化产业”“兴趣爱好是文化产业”“曾经管理过文化产业”的党员，向他们征求意见。

可随时由党员对所属组织或领导干部进行评价，“按时间周期评价”“一事一评”等都很容易实现，不需要再“抽样”，不用再担心党员的参与难度。

进一步，党内基层的民主选举，都可以通过系统实现。由于可以通过手机进行各种记名或不记名的选举（当然要有最严格的权限控制及安全防范措施），无须“现场投票”，无须“同时投票”，参选率、选举频度可以极大提高。

包括网络、大数据、人工智能在内的信息技术，正在极大地改变人类的生活方式、工作方式、联系方式，并正在某种程度上改变人类自身。对于国家治理体系和治理能力的现代化，信息技术同样既是有效手段，更是推动机制。以习近平同志为核心的党中央身体力行、率先垂范，推进全面从严治党、净化党内政治生态已经面目一新。利用信息技术最大程度地汇聚全党智慧、推进党内民主，会促进“一个又有集中又有民主，又有纪律又有自由，又有统一意志，又有个人心情舒畅、生动活泼，那样一种政治局面”真正实现。

路是用来开的，不是用来限的[①]

2017 年 1 月 22 日

我被考过这样一个交规题目：某段高速公路限速 60 公里/小时，而你上路时发现车流速度为 70 公里/小时，你应该开多少？我们大部分人的惯性思维应该是60 公里/小时，但在我考的那个地方，正确答案是70 公里/小时，因为开 60 公里/小时就会妨碍其他车辆。我觉得，这才是交通管理思路的人民主体、群众路线，因为广大的司机群众一致认为在当前路况下，70 公里/小时是可行的。警察不抓超速吗？也抓，抓的是那种在车流中左冲右突、对其他车辆构成威胁的。在这种管理思路下，路是顺畅的，车也是安全的。

但如果很多摄像头在等着你，如果限速又一会儿 110 公里/小时，一会儿 50 公里/小时，还可能 40 公里/小时，如果一超就拍，一拍就罚，甚至一年不能开车，那么，本来应该全力关注路况的司机就会全力紧张着“哪里有摄像头”。在路上经常可以看到慢悠悠开着车，后面跟着一长溜的，是“新菜鸟”；看到摄像头就刹车，一过拍摄点就加速的，是老司机。拥堵、追尾、闹心、路怒等等，也就成了另一种“新常态”。陈旧的限速思路，过多的限速设施，不光是我们新老司机的忧患，也是交通安全的隐患，如果处理不好，还可能成为政民关系的后患。我们建议，至少可以在以下几点上改进：

---

① 这是我在广东省政协的大会发言，引起一些共鸣。

第一点是国家法规，对法规，要原原本本，不能各取所需。法规和实施细则还是很科学、很均衡的，兼顾了安全和效率。比如，限速要参照“85%点位”，也就是按照85%的司机都不超速来设定限速，在设立拍照点前要先测速、统计，如果85%的司机开的是70公里/小时及以下，你就应该限70公里/小时，而不能更低。但查了好多限速点公告，从来没有出现过这个数据；我问过一些交警和管理部门，他们也不知道有这个规定；刚才我在会堂门口还问了两个交警，他们很机智，说让我“找宣传部门”。又比如，某一个测速点拍到超速车数量大，或群众投诉意见多时，说明限速可能不合理，应调研论证、报批后调整，但在现实中这种例子却往往被说成是交通管理的“工作成绩”。有些地方，车辆超速在交通违法的占比80%以上，被拍过的司机占比90%以上！这肯定不是法规的初衷！对驾驶员要普法，要维权；管理部门更要不折不扣地落实，不能“凡是能增加罚款的就雷厉风行，凡是会减少收入的则能拖则拖”。

第二点是管理理念。各种研究、测试和实际观察证明：车速并不是越慢越安全，而是越和车流速度接近越安全，所以，“十次事故九次快”不科学，“宁停三分不抢一秒”更应当丢回解放牌大卡车时代去。“该快不快就不对”“跟着走最保险”，才是既顺畅又安全的。因此，从宣传、考试、制定交管措施等各个方面，都要贯彻效率和安全同等重要的理念。我有一个同事在国外考驾照，从30英里/小时的路段转到50英里/小时路段，加速慢了一点，考官就请他下车了。这样考出来的司机，才不会开妨碍交通的“蜗牛车”。

第三点是限速标准，限速要有依据，不能随心所欲。对于高速公路，依据就是设计速度标准，因为整条路都是按这个标准建的。但我们有时见到，好好的一段高速，突然来了一个70公里/小时的限速，一了解，这个位置曾经有一台超载大货车出过事故，死了人，所以就加了限速，这不是“一人生病，大家吃药”吗？对于其他路段，依据就是前面讲过的公安部规定的“85%位车速”，以后每个增加的测速点都应该测定这个数据，公示这个数据。另外，限速不能频繁变，一会儿120，一会儿60；也不能突然变，一从高速下来，马上限速40！频繁变、突然变，是追尾事故的重要原因。

第四点是测速设备，抓拍点的安装不能太任性。公安部规定是很明确的，只能装在“通行秩序较乱、交通事故较多或存在较严重交通安全隐患的路段”，而我们看到的，常常是装在“路况较好，车容易跑起来，司机又不容易发现的路段”。一段很直的高速，穿过一个人行天桥，天桥背后往往装着一个摄像头，很难让人没有“钓鱼执法”的联想。而一旦装了，就要明确提示、反复提示，特别是移动测速设备不能藏起来，前不久报道过的粤西某市“躲在树丛里，涂了保护色”的测速设备就属于执法犯法。另外，现在有些路段实施了区间测速，使司机既合理控制车速，又无须频频刹车影响安全，这是好办法，应该逐步把定点测速合并为区间测速。

第五点还是要考核导向。我们广东的交警绩效考核量化、细化、信息化程度是全国最高的，但在几百个指标中，除了内勤指标，其余的基本都是处理违法、事故的，有一项指标甚至叫作“处理365类违法行为”。而与交通效率有关、保证交通顺畅的指标则几乎没有。这种考核导向，难免“越管越堵”。必须尽快把交通顺畅作为重要指标纳入考核体系，纠正“只管死不死人，不管堵不堵车”的心态和做法。同时，坚决制止个别地区依然存在或变相实行的“罚款指标”。

我国已基本进入“轮子上的社会”。对道路、交通的管理，体现的是国家治理的能力和水平。路通，才能人和；车顺，才能心顺。习总书记提出“中南海要始终直通人民群众”，我们的公路，更应该成为党群关系、政民关系的“连心路”，绝不能变成人民群众的“堵心路”。谢谢大家！

用人工智能助推社会治理①

2017 年 2 月 9 日

看到这个题目，很自然联想到的就是“利用大数据破获犯罪”之类，这是现在对大数据应用的较为普遍的思路，即把大数据视为一种“工具”，一种“手段”。我认为，从社会治理的角度，大数据更是一种“机制”，既是一种应用机制，更是一种推动、倒逼机制：就大数据的本性而言，它对所有人都是平等的，它天生地趋向自由，只有在它的基础上，绚烂的现代民主治理之花才能更为合理、更为必然、更不受约束地绽放，人类在自然科学领域的发明和成果，才能从根本上推动人类自身的相互关系和治理结构的变革和优化。

社会数据化，数据社会化

之所以如此，首先是由人类自身的“数据化”。对于社会成员，从工作内容到每日行程，从单位内部的往来到“朋友圈”的互动，从鸿篇巨制中的皇皇高论到推特、脸谱上的片言只语，从你背过的单词到你走过的步数，每个人的工作、生活、社交、教育、运动等各方面的行为都在越来越频繁、普遍、精确地数据化。对于社会管理者，他们的管

① 2016 年“阿尔法狗”让人工智能技术走入大众视野，我认为应该在社会治理领域大显身手。本文发表于 2017 年 2 月 9 日《南方周末》。

理、控制行为基于数据，也被数据所记录：电子政务系统记录着政府的每个流程、每项决策、每个文件及其所有的原始记录。

单从“依赖”的程度而不考虑“毒害”的因素，可以说数据化是信息时代的鸦片：在社会成员和社会管理者从数据化得到越来越多便利的同时，他们自觉不自觉地把自己的思想、行为、言论甚至感情表达更加深入、更加全面地数据化，乐在其中，势不可当。

这种数据化的趋势，一定伴随着数据的多源化。如果说在信息时代的初期，与社会成员相关的主要数据还都由政府保有、管理，发展到今天，企业、私营机构、社会组织等掌握的数据，已经和政府的规模不相上下。所以，电量、运输量、贷款量可以和政府公布的 GDP 互相印证，电商交易量可以和社会零售业总额交叉检验，自媒体则成了主流媒体不可缺少的补充。这种趋势将随着“小政府、大社会”的进程而日趋明显。

数据来源越来越多样化，也就越来越意味着数据的公开化。在政府为单一数据来源时，美国历史上围绕着《信息自由法案》《电子信息自由法案》争诉纷纭。今天，世界各国政府都宣称“信息公开是常态，不公开是例外”，而且正纷纷从“信息公开”走向“数据开放”。而企业、社会组织、自媒体等的数据更活跃，更原生，更倾向于公开。数据来源的多样性也倒逼着数据公开：如果某一数据源不开放数据，而这一数据又是社会公众所需要的，其他来源的数据将会逐步替代这一数据源。不公开，就会被替代或淘汰，信息产业史上不乏这类例子。

寻求最大共识，避免“多数错误”

数据的多源化、公开化、自由化，必然导致数据的平等化、数据分析结果的客观化。首先，大数据分析工具的分析、萃取基本不受人为因素影响，能够客观、全面地挖掘出数据的本质。其次，即使工具本身出了问题，即使人为地对工具施加了不当影响（如调整权重等），也会有另外的工具，从另外的数据源进行分析、比对，如统计局的 GDP 可以由售电量等数据来比对。这样，就保证了数据分析结果、判断结论的真实性，就能真正提炼出全社会的最大公约数、最大共识。

从平等化的数据、真实化的结果，就有可能实现基于大数据的社会治理，即以大数据为基础、规范、标准的治理。大数据，就是社会成员已经做完的事情，因此，以大数据为基础的治理，就是最原生的人民主体、群众路线、实践标准。

例如某国的交通规则规定：某一高速公路的限速是 60 英里/小时，如果你开上该公路时发现其他的汽车的时速都是 80 英里，你就应该按照 80 英里/小时，而不应该拘泥于限速。这实际上是“以大数据为标准”治理交通的雏形，因为大数据展示绝大多数汽车的时速都是 80 英里，这表明大家一致认为在这段高速公路当时的车流密度、气象条件下 80 英里是安全可行的时速，交通管理就应该按照这一大多数人的意志。当然，公路的速度标志应该优化，改为可变的“建议时速”。

又例如，自动翻译软件原来的思路是穷究语义，力图得出“最准确的翻译”，但多年以来一直无法完美实现。近年来，改为以大数据为基础，即：大多数人怎么翻译，翻译软件也怎么翻译。你“喂给”翻译软件的实例越多，翻译软件的结果就越被大多数人认同。这就是“翻译领域”的群众路线。

当然，大数据也要防止“多数人的暴政”，纠正“多数人的错误”。比如，怎样防止在公路上大家越开越快？怎样纠正大部分人都容易犯下的翻译错误？解决问题的思路还是大数据，即应该基于大数据来积累、制定、完善检验、判定的标准。例如，根据对这一路段多年的交通事故统计数据，得出在任何气候条件、任何交通流量下都不能超越的时速，加以严格的提示和限制。比如，基于多年的教学、翻译数据，列出一些明显的翻译错误，即使大多数人都犯了这一错误，也不能认为这种翻译准确；也可以大大提高语言学专门人员翻译结果的权重，使之抗衡“菜鸟级”翻译的错误，等等。

人工智能与数据治理

实际上，基于大数据的社会治理，绝非上述那样简单，而必须不断运用人工智能技术的最新成果，包括神乎其神的“深度学习”。基于大数据的人工智能已经并且正在很多领域（典型的如围棋、驾驶等等）证明：人工智能可以超过单个的人类成员。阿尔法狗已经战胜了雄踞世界围棋前列的李世石，谷歌的自动驾驶汽车已经创造了任何人类驾驶员都无法企及的安全驾驶记录。那么，在社会治理领域，是否有可能出现类似阿尔法狗这样的“虚拟选手”呢？答案是肯定的。

比如在司法领域。设想有一个“人工智能法官助理”，我们可以像给阿尔法狗“喂棋谱”那样把浩如烟海的法律文本（包括所有的立法解释、司法解释等）“喂”给它学习，把连篇累牍的案例材料“喂”给它了解，它对法律的融会贯通、完整掌握一定能超过任何单个的人类法官，甚至还可能发现法律本身存在的不一致、发现判例之间的矛盾。这样，无论在大陆法系还是英美法系，只要把某一案件的案情详尽、精确（这是人工智能法官助理对案情描述精确性、准确度的倒逼）地向它描述，它就能给出判决建议及其依据。法官可以不采纳它的建议，但必须提出不采纳的理由。人工智能法官助理的建议及其依据、法官采纳与否的决定及其依据，都以适当的形式公布并存档，同时也成为人工智能法官助理深度学习的新内容。

比如在国家决策领域。设想有一个“人工智能决策助理”，我们同样可以像给阿尔法狗“喂棋谱”那样把执政党的党纲、党章、各种理论、与决策相关的宪法法律法规、执政党处理历史案例的经验和教训等“喂”给它学习，把从多源的社会数据抽取、分析得到的“社情民意”“最大共识”让它了解，它对执政党理论体系的掌握、对宪法法律体系的了解、对党情民意的把脉应该是最完整、最准确、最内在一致的，而且，一定不会受到学历、专业、经历、好恶、注意力等的影响，是一个

“不断学习、时刻更新、无一遗漏、永不疲倦、高度稳定”的决策助理。当某一需要决策的事项发生时，只要把该事项的情况详尽、精确（这同样是人工智能对决策事项描述精确性、准确度的倒逼）地向它描述，它就能给出决策建议及其依据，并且评估该建议可能产生的各方面的后果。执政党可以不采纳它的建议，但是同样应该提出不采纳的理由。人工智能决策助理的建议及其依据、执政党采纳与否的决定及其依据，都以适当的形式公布并存档，同时也成为人工智能决策助理深度学习的新内容。

这种国家治理领域的“阿尔法狗”，为解决国家治理结构的“制衡”悖论提供了技术上的可能。这种悖论就是：为了让权力不做傻事，需要设计制约机制，用人与人的制约，即所谓“政治人物之间互相依靠又互相制约”来保证决策正确及必要的纠错，但这样就会导致决策效率低下，影响社会经济发展和人民生活。而为了提高效率、加快发展、“集中力量干大事”，就需要排除七嘴八舌的干扰，统一决策，高度集权，但对于集权于一身的领导人的素质要求极高，而且很难设计和实现纠错机制。有了大数据基础之上的人工智能，有了国家治理领域的“阿尔法狗”，就可以用人工智能和人之间的制约、制衡来保证决策正确和及时纠错，同时还不明显降低效率。当然，这种制约、制衡机制必须法律化、强制化，你不能今天高兴了，就问一下“人工智能决策助理”，明天就不理它；你也不能把电脑的电源拔掉，让“阿尔法狗”无法工作。在这个意义上，社会领域的大数据，是从机制上对执政者的制约。

这种制约，不仅仅是对执政者的，也是对全体社会成员的。因为每个社会成员的所有行为都数据化了，而在大数据基础上形成的判定标准是一致的，每个人都受其约束、规范，而且是无所不在、无处不在的制约（想想因为成为“表叔”而下台、因为暴露“开房记录”被处分的官员！），这种制约，比道德、法律的制约更为普适。在信息时代的一定阶段，与“依法治国”“以德治国”并列的，还会有“数据治国”。如果我们把它看成套在每个人头上的“紧箍咒”，那么，这就是人类进步历史上的又一次“异化”。

借用一句外来语：“除了上帝，谁都需要数据。”对于社会成员，谁都在数据的规范和约束下，否则就会受到数据的惩罚；对于社会管理者，谁都必须遵循大数据所揭示的民意、趋势，否则，也自然会被以大数据为代表的公平、正义所抛弃。

有担当才是真情怀①

2017 年 3 月 6 日

两会进行中，习近平总书记在看望政协委员并参加联组会时，要求“我国广大知识分子要以时不我待的紧迫感、舍我其谁的责任感，主动担当，积极作为，刻苦钻研，勤奋工作，为全面建成小康社会、建设世界科技强国作出更大贡献”。作为九三学社成员，我深受启发和鼓舞。

要担当、作为，须先摆正位置。“达则兼济天下”“位卑未敢忘忧国”，是我国知识分子自古至今的家国情怀。由于通晓较多的知识，掌握较多的信息，具备相对宽广的视野，知识分子对于社会发展和进步的贡献比较特殊。但是，只有融入波澜壮阔的社会实践，知识才产生效用，抱负才能实现，情怀才有所寄托。这个位置不摆对，就会有“报国无门”的抱怨。今天的中华民族，比历史上任何时期都更接近伟大复兴的目标，今天的中国知识分子，也比历史上任何时期都更具备实现家国情怀的条件。

要担当、作为，还应客观豁达。由于知识分子相对超脱的社会地位和观察视角，对于社会经济各个领域都会有独特的见解和体会，会提出自己的意见建议，甚至质询批评。习近平总书记在讲话中要求：“对来自知识分子的意见和批评，只要出发点是好的，就要热忱欢迎，对的就

---

① 习近平总书记 2017 年 3 月 4 日在政协联组会上重要讲话的主题词是“知识分子”，本文发表在 2017 年 3 月 6 日《人民日报》。

积极采纳。即使个别意见有偏差甚至是错误的，也要多一些包涵、多一些宽容。”作为知识分子，是不是也应该换位思考，对于建议的承办方、批评的接受方同样多一些包涵和宽容呢？我们提出的批评往往基于某一局部，我们提出的建议也往往基于某一角度。从执政大局出发，即使批评没有被全盘接受，也要想到一定有助于还原真相；建议没有被照单全收，也要想到一定有利于完善决策思维，无须自感“挫败”，继续积极建言。

要担当、作为，还需日日求新。信息时代的标志是瞬息万变，要与一日千里的技术经济发展同步，要为攻坚克难的社会改革实践出力，除了毫不懈怠地更新知识、善通求变地跨界学习外，我们还应千方百计地以专业知识和社会实践的“结合之妙”去破解难题。我本人属于信息专业，近年来，我把信息理论、信息技术和社会治理、社会进步的需求结合起来，提出了反腐的制度和机制设计、政民关系的互动和互信、用人工智能和大数据助推社会治理等设想和建议，得到了关注和采纳。只有着眼于整个社会发展和进步的大局来更新、应用自己的知识，才能不断增加知识积累，强化创新意识，提升创新能力，攀登创新高峰。

在去年的全国政协联组会上，习近平总书记畅谈基本经济制度，倡导新型政商关系，极大提振了广大企业家的信心。时隔一年，习近平总书记又对广大知识分子充分肯定、殷切期望，极大地激发起这个群体的主体意识和担当意识。作为九三学社的一员，我一定按照习近平总书记重要讲话的要求，和全国的企业家、知识分子一起，以更强的紧迫感、责任感投身于中华民族伟大复兴的壮丽事业。

充分释放企业家的家国情怀和社会责任[①]

2017 年 10 月 17 日

中共中央国务院发布了《关于营造企业家健康成长环境弘扬优秀企业家精神更好发挥企业家作用的意见》（以下简称《意见》）。这是对企业家的肯定和鼓舞，更是对企业家的要求和希望，因为《意见》对企业家精神的定义进行了创新和拓展，一个优秀的企业家，不仅仅应该是“经济人”，更应该是“家国人”和“社会人”。

以前讲企业家精神，不外乎创新、冒险、合作、学习等等，这是企业家作为“经济人”所必须具备的素质和能力。《意见》将其概括为“创新发展专注品质追求卓越”。专注品质，在讲企业家精神时很少见到。企业家研发的技术成果、设计的商业模式、提供的产品和服务，都应该强调品质。没有品质，数量、规模、效益等就失去了意义。品质，不等于单纯的质量。“质”是生产技术指标，“品”是商业伦理尺度。坚持优“质”良“品”，企业家才是一个理性的、健康的、社会需要的“经济人”。

国家的政治经济体制是企业发展的外部环境，企业家还应该是“家国人”，《意见》归纳为“爱国敬业、遵纪守法、艰苦奋斗”。爱我们这个生机勃勃、蒸蒸日上的社会主义祖国，敬中华民族伟大复兴的大业，

① 产权保护和企业家精神，是中共中央、国务院根据中央“深改组”《意见》而发出文件的仅有的两个主题。本文发表于 2017 年 10 月 17 日《人民政协报》。

这是每个企业家的机遇和使命。遵纪守法是所有公民包括企业公民的底线。艰苦奋斗，既是企业家的自我约束，更是企业家的精神状态。小富即安、贪图享受，应为家国情怀所不齿。为经济建设流汗，为社会进步发声，才是作为“家国人”的企业家的本分。

企业家更应该是“社会人”，按《意见》的要求就是“履行责任、敢于担当、服务社会”。企业排名、个人财富，只是成就。作为企业家的价值，应该体现在创造就业、贡献税收，还应该体现在投身公益、奉献社会。这是履行责任，更是兑现承诺。“滴水之恩，当涌泉相报”，作为企业家，我们从改革开放中的受益何止“滴水”？当年小平同志冒着极大的政治风险发动改革开放、鼓励一部人先富起来时，就有“带动后富，共同富裕”的要求。即使按照契约精神，我们也应该富而思报、服务社会。

习近平总书记在论述企业家精神时，用了“富而思进、富而思源”，这是对企业家精神的高度概括。党和政府越强调保护企业产权、强调发挥企业家作用，我们就要更加力行“经济人”的“思进”，不忘“家国人”的“思源”，坚守“社会人”的“思报”，才能不负党和人民的厚望，才能不负社会和历史的重托。

第 二 辑

有感于十九大报告的“情怀”[1]

2017 年 10 月 19 日

习近平总书记向党的十九大所作的报告，除了振奋人心、牵动全球的“新时代”“新思想”“新矛盾”“新目标”以及与之配套的宏大方略和创新部署，还处处洋溢着情怀，如：

在阐述会议主题时：“不忘初心，方得始终。中国共产党人的初心和使命，就是为中国人民谋幸福，为中华民族谋复兴。”

在划分时代特征时：中国特色社会主义道路“给世界上那些既希望加快发展又希望保持自身独立性的国家和民族提供了全新选择，为解决人类问题贡献了中国智慧和中国方案”。

在列举治国方略后：“时代是思想之母，实践是理论之源。只要我们善于聆听时代声音，勇于坚持真理、修正错误，二十一世纪中国的马克思主义一定能够展现出更强大、更有说服力的真理力量！”

在论及生态文明建设时：“人与自然是生命共同体，人类必须尊重自然、顺应自然、保护自然。人类只有遵循自然规律才能有效防止在开发利用自然上走弯路，人类对大自然的伤害最终会伤及人类自身，这是无法抗拒的规律。”

在展望“人类命运共同体”时：“我们生活的世界充满希望，也充满挑战。我们不能因现实复杂而放弃梦想，不能因理想遥远而放弃追

① 本文刊登在 2017 年 10 月 19 日人民网。

求。没有哪个国家能够独自应对人类面临的各种挑战，也没有哪个国家能够退回到自我封闭的孤岛。”

在讲述党的思想建设时：“教育引导全党牢记党的宗旨，挺起共产党人的精神脊梁，解决好世界观、人生观、价值观这个‘总开关’问题，自觉做共产主义远大理想和中国特色社会主义共同理想的坚定信仰者和忠实实践者。”

在强调反腐败斗争重要性时：“只有以反腐败永远在路上的坚韧和执着，深化标本兼治，保证干部清正、政府清廉、政治清明，才能跳出历史周期率，确保党和国家长治久安。”“通过不懈努力换来海晏河清、朗朗乾坤。”

在结尾高潮处：“历史只会眷顾坚定者、奋进者、搏击者，而不会等待犹豫者、懈怠者、畏难者。”“大道之行，天下为公。站立在九百六十多万平方公里的广袤土地上，吸吮着五千多年中华民族漫长奋斗积累的文化养分，拥有十三亿多中国人民聚合的磅礴之力，我们走中国特色社会主义道路，具有无比广阔的时代舞台，具有无比深厚的历史底蕴，具有无比强大的前进定力。”

情怀，来自对于“实现中华民族伟大复兴”的坚定信念。民族复兴，是各民族无可争辩的共同理想。面临一个战乱频仍、山河破碎、民不聊生的内忧外患的国家，中国共产党领导人民经过几十年艰苦卓绝的浴血奋斗，站起来、富起来、强起来，以一个又一个彪炳史册的人间奇迹，确立了举世无双的执政合法性，赢得了国际社会的信任和认同。在此基础上，进入新时代的中国特色社会主义，才具有超越制度、划分时代的全球性意义。

情怀，来自对发展模式、发展道路的清醒洞察。追求幸福生活是人类的共同理想，但实现这一理想的方式一定会因国而异、因人而异，不能拘于一端、定于一式。新时代中国特色社会主义的制度和道路，源自中国人民长期奋斗的历史逻辑、理论逻辑、实践逻辑，经过深刻变化的国际环境的检验，在世界第一大发展中国家取得成功。作为中华传统文化和现代治国理念的结晶，中国智慧和中国方案将成为全人类的共同财富。

情怀，来自面对历史选择、人民重托的中国共产党人的担当。从推翻三座大山，到建立先进社会制度，到顺应世界潮流改革开放，无论弱小强大、顺利困难，中国共产党都是中国人民“舍我其谁”的主心骨，初心不改、宠辱不惊、矢志不移。全面从严治党，以“壮士断腕”“刮骨疗伤”的决心反腐，这种近乎悲壮的“担当”，更是没有任何一个政党能望其项背。推动构建人类命运共同体，秉持共商共建共享的全球治理观，倡导国际关系民主化、平等化，并率先构建各种类型的全球伙伴关系，更是作为一个负责任大国的社会主义中国对人类社会的担当。

情怀，来自对人民、对祖国、对自然的爱心。十九大报告中新时代的十四大方略，“坚持以人民为中心”赫然在前；“忠于祖国”“讴歌祖国”“祖国统一”彰显对祖国的深爱；在“尊重自然、顺应自然、保护自然”的前提下，要求“人与自然和谐共生的现代化”；社会主义现代化强国的定义首次在“富强、民主、文明、和谐”后加上“美丽”。一个充满爱心的政党，才能真正做到没有任何特殊利益，只为人民谋求幸福。

一个现代政党的情怀，很大程度上就是领袖的情怀。习近平总书记的信念、洞察、担当、爱心，已经深深铭刻在中国大地。作为执政党和她的核心，最根本的情怀就是“一切为了人民”。习总书记在回忆梁家河岁月时深情表白：“无论我走到哪里，永远是黄土地的儿子。”正因为有着这样的情怀，才能不忘初心，才能永不懈怠，才能一往无前。这是社会主义之幸，是中华民族之幸。

区块链和“自由人的联合体”[①]

2018 年 4 月 19 日

很多人是从比特币听说区块链的，但比特币只是区块链技术的第一个，也是最著名的应用案例，不是区块链的全部。区块链是底层网络信息技术、加密技术、共识算法等多种技术的集成，具有去中心化、防篡改、公开透明、集体维护等特性，有着广泛的应用前景。

区块链的人民性

传统的网络信息技术基本上都体现着“精英本位”：大多有一个大神一样的发明人或运营者，数据都存放在一个（或多个）中心，规则都由这些中心的控制者制定，改了就改了，停了就停了，吃瓜群众只能被动参与、服从。

相反，区块链技术贯彻的是“人民主体”。“人民藏着宝”：所有的数据都存放在各个分散、独立的节点，而不再保存在任何“中心”，消除了对数据资源的垄断；“人民说了算”：区块链的共识机制，需要全部节点按照表决、少数服从多数，避免了“少数人的越权”，但这种表

① 2017 年开始，区块链技术因为虚拟货币而走入公众视野，我认为区块链是“自由人的联合体”理想的信息实现形式。本文发表于 2018 年 4 月 19 日《南方周末》。

决所依据的规则是所有参与者一致认同的，又避免了“多数人的暴政”；“不欠人民账”：所有的数据一经记录就不能篡改，承诺的义务一经设定就自动执行，从技术上确保了每个参与者的权利和义务。

因此，和历史上其他横空出世、颠覆传统的划时代技术一样，区块链不仅仅是技术，更是理念。笔者认为：区块链的种种特性，其实就是人类先贤憧憬多年、苦苦追逐的理想社会的基本要素。马克思、恩格斯始终主张科学社会主义、共产主义是“自由人的联合体”，而区块链，就是“自由人的联合体”理想的信息实现形式。

完备的个体

要组成“自由人的联合体”，个体必须是“完备”的：具备完整的思想、能力、资质，自主表达，不受约束，不被奴役。如同恩格斯所预言：“人既已终于成为自身社会生存的主人，因而已成为自然界的主人，成为自己本身的主人——自由的人。”只有这样具有完备能力和自由身份的个体，才能达成“每个人的自由发展是一切人的自由发展的条件”。而区块链的节点，正是信息网络中的“自由人”：具备完整的判断能力，可以对全网发生的所有业务进行验证；具备完整的认知能力，可以保存和检验从创世区块开始的完整账本；具备完整的表达能力，可以自主向全网广播发布智能合约；具备有效的履约能力，可以保证链上智能合约一旦签署必然会按预设的条件履行等等。无论是用一万个比特币买两个披萨，还是用十个比特币买一栋别墅，都可以自主决定，无须任何“审批”。

既然是“自由人的联合体”，则个体应该是“自由”的，不应该受限于来自中心化的机构、组织等的统治和管理。按照马克思主义经典作家的设计，在共产主义社会里“对人的统治将由对物的管理和对生产过程的领导所代替”，由于阶级对立而产生的所有强制手段已经“放到古物陈列馆去，同纺车和青铜斧陈列在一起”。当然，承担某些协作功能的社会组织还会存在，但作为个体的“自由人”可以自主选择组织，可以自行成立组织，独立行使权利。区块链本身就是这样一种“去中心化”或“多中心化”的结构：没有唯一的“主机”；每个节点都可以承担“主机”的功能；任何一个节点的关闭、故障等都不会影响整个区块链的运行（离了谁地球都一样转）等等。区块链，就是“没有中心强制的自由节点的联合体”。比特币的创始人始终不现真身，到最后连在虚拟世界里也销声匿迹，只留下一个“中本聪”的化名在江湖流传，使比特币不但“去中心化”，而且“无创始人”。

对秩序的遵守

没有对社会成员强制管理的中心，怎样保证每个“自由人”严格遵循秩序、行使权利、履行义务？

按照先贤的构想，共产主义社会的实现依赖于两个“发展”：

第一，社会生产力的高度发展，物质财富极大丰富，可以满足整个社会及其成员的需要。这个目标，随着科学技术的进步和生产力水平的提高，是有可能实现的。

第二个发展是“人的全面发展”，有两个方面：一方面，每个社会成员的能力得到极大提升，包括体力、智力、才能、志趣等等，从而可以不受“分工”的束缚，在体力劳动、脑力劳动之间迅速转换，“使工作不再是负担，而变为乐趣”，随着生物科学、教育手段等的进步，这也是有望实现的。另一方面，每个社会成员的精神境界、道德水平得到极大提高，马克思说在共产主义社会“劳动是人的第一需要”。教科书设想那时候的个人“具有高度的共产主义觉悟和道德品质”，“具有高度发达的集体主义思想，即知道什么该做什么不该做，凡事都以集体利益为重，私心将不复存在”。因此，虽然没有了法律的约束，没有了国家或其他中心化组织的强制，大家还都能恪守规则、不图私利、和谐相处。这一点，是最有可能被质疑为“空想”的，因为趋利避害是人的本能，即使到了社会生产力水平和社会成员能力都极大提高的时候，也不能要求每个社会成员在处理和其他成员关系时都成为“圣人”。

区块链用技术的方式保证了在“去中心化”的架构之下，不需要外部的约束和强制，每一个个体（节点）对规则的天然遵守。区块链采用共识算法、智能合约等技术把各个节点的权利和义务事先设定得非常明确，特别是智能合约能够自动设定规则，自动触发、自动执行相关的交易、交割，保证每一个节点对权利的行使和对义务的履行。所以，严谨如纳斯达克交易所，在 2015 年引入区块链技术记录股权时，结论也是“可以降低 90% 以上的结算风险”。因为在程序的强制之下，每一个节点根本不存在不遵守规则的可能。需要建立信任机制的前提是对象有可能辜负信任。不存在“不靠谱”，就失去了需要去判断是否值得信任的前提，这就是区块链的“去信任”，通过技术实现的“无须信任的信任”。把区块链的这种理念用于社会制度的设计和实现，消除理想中的空想，避免理论中的悖论，我们就比任何时候都离世界大同更近。

“自由人的联合体”是人类的共同理想。因为人类的天性就是渴望和追求自由，没有任何人愿意被强制管理。人类到目前为止的社会结构都是中心化的，仅仅是因为受限于技术发展、生产力发展的水平。中心化是需求，而分布式才是本能。区块链等信息技术的日新月异，为人类社会消除异化、回归本性提供了越来越多的可能，正在潜移默化、顺理成章、势不可当地改变着一切。这正应了马克思的那句话：“蒸气、电力和自动纺织机甚至是比巴尔贝斯、拉斯拜尔和布朗基诸位公民更危险万分的革命家。”

建立对新业态“包容审慎”的“正面清单”[①]

2018 年 4 月 27 日

当今时代“唯一不变的是变化”：各种新技术、新产业、新业态、新模式不断涌现，它们是对现有的技术、产业、业态、模式的挑战，也会程度不同地与现行的法律、规章、标准、规范等（以下通称“法规”）抵触，有实质上的冲突，更多的是专营权、资质等形式上的不符。因为这些法规制定时还没有新业态。

从历史的、发展的角度看，新业态中的大部分应该能颠覆、替代现有的技术、产业、业态、模式，也应该能推动法规的修订，从而取得相应的法律地位。但是，新业态涌现之初、旧法规修订之前，应该如何监管？中央坚持自主创新的国家战略，始终鼓励创新，李克强总理反复强调：“我们对新产业、新业态、新模式，比如像电子商务、移动支付、共享单车，都实行包容审慎监管方式。”问题是：由于“包容审慎”没有进一步明确具体的标准，地方政府从“免责”出发，对表面上“不符合现有法规”的新模式往往倾向于限制甚至“取缔”，这方面的例子不少。

我们建议：采用“正面清单”的方式，对新业态的“包容审慎”给予具体指引。基本原则是：重实质，不拘泥形式和程序。对于主要涉

---

① 按照国务院领导提出的“包容审慎监管”理念，需要用正面清单明确监管对象。本文为向九三学社中央报送的信息。

及国家安全、金融稳定、安全生产、人民健康等等的事项应该依法从严监管，对于主要涉及专营权、资质“门槛”等形式性事项的应予适当放开，允许在法规调整之前试行、试点，同时根据新业态的特点设计新的监管方式，加强事中、事后的监管。具体建议如下：

一、对新业态适当放开专营权

国家对某些行业、产业（据不完全统计多达五十个以上）实行“专营权”（特许经营权、专卖权等）管理，有很多考虑。但是，当这些行业、产业由于技术进步、产业或商业创新出现新业态、新模式时，原专营权的持有人由于既得利益等因素，一般都不会接受，大多会自觉不自觉地抵触。要适应技术和社会进步，鼓励、发展新业态、新模式，只能通过“新进者”。但专营权的授予、调整需时较久，如果不做变通许可，就会重演本世纪初开始长达十年的邮政和快递公司之间“极速飞车”“猫捉老鼠”（邮政在高速路上追赶快递公司车辆“搜查非法信件”）的游戏。今年3月份，由珠三角某市的一个副厅级区政府委托的一批免费通勤车开了两天，就因“公交公司举报”而被市交通部门认定“违法”，并且扣车、审人。对“专营权”的拘泥、固守已经影响了很多产业的创新、发展。应当允许采用新的技术手段（如移动互联网）或新的商业模式（如滴滴拼车）的进入者先行先试，而不用“专营权”作为处罚依据，更要遏制原“专营权”持有者把专营权用来“封杀异己”、阻碍竞争的冲动。设想一下：如果当年“道路交通”的专营权属于马车公司，一定不会出现汽车。

建议：对实行专营权管理的行业、产业进行分析，对于哪些行业和产业、在什么情况下可以适当放开专营权，用正面清单的形式尽可能做出明确具体的规定，例如：

对于城市通勤，在车辆和司机符合国家有关技术标准的前提下，允许采用移动互联网等手段面向社会满足群众乘车需求，“用手机搭公交”，弥补公共交通到达率的不足。

对于城市垃圾处理，在排放、能耗符合标准的前提下，允许选择

"填埋"和"焚烧"以外的垃圾处理方式。

等等。可以选择新旧模式冲突比较突出的行业，如城市公交、出租车、旅馆等先发布正面清单，再根据经济社会发展逐步补充。

同时，要根据授予专营权的新业态的特点设计新的监管方式以加强监管、降低风险，如：

在"用手机搭公交"的方式下，车辆运营路线随需而变，必须安装 GPS 定位装置实现实时监控；乘客的信息都在系统中，必须设计加强数据安全、防止信息泄露的技术措施。

对于"填埋""焚烧"以外的垃圾处理模式，对于其产出物的成分要定期进行检验，如其中的重金属或其他有害成分超标时要及时调整工艺。

二、资质的认定应考虑新业态的特点

现有对于资质的规定，基本上是基于传统业态的，如医院的医生人数、病床张数，学校的老师人数、校舍面积等。但是，进入数字经济时代，至少在以下三种情况下，对"资质"的要求应适当调整：

（一）纯粹的"线上"平台。如"互联网＋医疗服务"，对医生、病房的要求应明显不同于线下的医院；"互联网＋教育"，对老师、校舍的要求也应明显不同于线下的学校。

（二）采用"线上"和"线下"相结合方式开展经营活动的公司，由于"线上"方式提高了生产效率，对资质的要求也可以适当降低，如某些运输企业。

（三）纯粹以"线下"方式经营的公司，由于采用新技术提高了效率，对资质的要求也会低于传统技术方式。如采用"机器人"、人工智能的企业，某种资质要求的人数自然会减少。

因此，建议按照"正面清单"的模式，对于哪些类别的准入资质在何种情况下可以适当调整、降低，用"正面清单"的形式尽可能做出明确具体的规定，例如：

对于在网络平台上提供的教育服务，只要接入平台的老师、学校具备相关资质，对平台本身的老师人数、校舍面积等的要求可以适当降低。

对于在网络平台上提供的医疗服务，只要接入平台的医生、医院具备相关资质，对平台本身的医生人数、病床张数等的要求可以适当降低。

等等。但是，由于适当降低了资质，应设计新的监管方式，如：

提供教育服务的网络平台，必须提供供监管部门使用的数据接口，确保监管部门能实时监控教学内容和教学质量，对教学内容的监控应设计“敏感词”过滤等自动化方式。

提供医疗服务的网络平台，所有医疗过程必须能让监管部门实时监控，对病人、病案等数据应有严格的加密措施，保证信息安全。对于提供服务的医院和医生应建立技能和信用评价、公示机制。

三、专营权、资质的授予应适应分享经济的特点

李克强总理指出：“分享经济是一个新业态。它的所有权和使用权是分离的，灵活性很强，多种模式并存。”充分揭示了分享经济的本质特征。随着分享经济的发展，随着平台型的专业服务的发展，越来越多的人力、物力、智力资源以“使用权”的方式被企业使用，而无须一定拥有“所有权”。

现行的专营权审核、资质审定等，依据的主要是“所有权”：你拥有多少专业人员？购置了多少设备？注册资金多少？等等。面对随着分享经济和服务型平台而来的、必将越来越明显的“所有权和使用权相分离”的趋势，建议对专营权、资质等在审定时不仅仅局限于所有权。建议做出类似以下的规定：

只要是分享平台、服务平台能够规范提供的人力、物力、服务资源，取得有效证明并稳定使用一定时间以上的，都可以作为专营权、资质认定的依据。

但是，由于审定时依据的是使用权，其稳定性要差于所有权，因此，对于信息披露的要求要从严，特别是对于提供使用权的分享平台、

服务平台的监管要加强，避免连锁反应。

总之，按照党的十九大提出的“共建共治共享”的社会治理方略，对于行业、产业、企业的外部监管也应该改变单纯的“政府是监管方、企业是被监管方”的思路，让行业、产业、企业的声音，特别是那些以创新方式进入的“开拓者”的理念观点、利益诉求得到充分的表达和反映，在确定监管方式和尺度时允许产业、企业参与讨论，“有事好商量，有事多商量”。既鼓励创新，又防范风险。

关于“社保入税”相关政策的建议[①]

2018 年 9 月 3 日

明年开始的“社保入税”，已经成了中国企业家和员工的一大担忧，又以实体经济企业和科技型企业为甚，因为前者员工众多而后者工资较高。原因众所周知：中国的社保缴纳比例高居世界前列，大多数企业靠着按社会平均工资或者最低工资为基数缴纳才得以生存。“入税”以后，税务机关掌握着全部工资数据，若以此为依据全额征收，将使众多企业的成本明显上涨、员工的实际收入下降，在经营环境本就日益恶化的今天，无异于雪上加霜。由此引发的就业锐减、企业关门、社会动荡将是大概率事件。

面对国际国内的复杂形势，中央明确要求坚持自主创新，支持实体经济，切实降低企业的各种税负。为此，提出以下建议：

一、清醒认识到我国社保缴费比例明显偏高。据国家财政部网站登载的2015 年度数据，以养老保险企业缴纳部分为例，美国为6.2%，英国为7.25%，日本为 9.15%（并且明示 100 年不变），德国为 9.35%（并且说明已是企业能承受的极限），就连以高福利著称的瑞典也只是11.5%，而我国大部分的地区都高达 20%。五险合计的企业缴费比例，

① 这是我向九三学社中央提出的建议。其中的主要内容都在之后的国务院常务会议决定中得到体现。

上海、北京等地都超过 30%，加上个人的 10.5%，意味着要按工资的四成多缴纳社会保险费，可谓“死亡费率”！

二、客观真实评估现状。由于费率畸高，所以，近年来尽管企业在参保及时性、险种覆盖面上逐步合规，但在缴纳基数上力不从心。根据《中国企业社保白皮书》，2017 年据实缴纳的企业比例只占 24%，其中大部分都是意在“撒钱”的垄断国企；而四分之三以上的企业都没有以实际工资为基数，其中超过三成的企业更是只按最低基数下限参保。这是在社保入税之际必须面对的现实。

三、实行缓冲期。明确规定从 2019 年 1 月 1 日开始的两年为社保合规缓冲期，在缓冲期内实施以下政策：

（一）不按照个人所得税的纳税基数收缴社会保险费；

（二）由地方政府统一确定属地企业的缴费基数，可以在社会平均工资、最低工资等标准中选择。

（三）允许企业缴费部分沿用现在的通行做法，即与个人缴费部分的基数一致、包括封顶等，而不采用《社保法》规定的按照实际工资总额计缴的方式。

四、在降费的基础上逐步合规。如果要按照实际工资基数缴纳，就应至少把费率在现行基础上降低一半；如果不降费率，就应把缴纳基数修改为社会平均工资。降费措施应在缓冲期结束前明示，并保持稳定。

五、尽快消除企业家疑虑。从国地税合并方案首提社保入税，到国家税务总局、财政部等五部门的视频会议强调落实，企业家对全额征收的议论和担心日甚一日。近日网传江苏常州法院判决某企业补交十年社保费的案例，闻者更是人心惶惶。建议由权威部门明确宣布：社保入税第一步调整的只是缴纳渠道，社保合规的进程将通过缓冲期和降费等措施逐步推进，稳定企业家和员工的预期。

内忧外患之下，一方面是中央支持企业、降税减负的三令五申，一方面是具体部门严管征收的种种举措（如突然宣布把承诺给创投合伙企业的20%税率提高到35%，并从年初补征），又有国税总局公布的今年上半年税收增加一万多亿元、15.3%的“实绩”，民间本已异常担心和疑虑。如果社保入税之后再强行“一刀切”全额征收，则坐实“竭泽而渔”，其后果绝非中国经济所能承受。

遏制形式主义，践行实事求是①

2018 年 10 月 19 日

党的十八大以来，在党中央“反四风”的明确要求和常抓严管下，享乐主义、奢靡之风等基本收敛，但作为四风之首的形式主义却有所抬头。

形式主义的种种表现

一、政治学习的形式主义

一些地方和部门，对于党组织布置的学习任务，不注重学习、领会精神实质，不切实在实际工作中加以应用，而是热衷于各种表面形式。比如一定要手工书写学习体会，要在原稿上用不同的笔标注，并不断“抽查”；比如不论是否重复、各种途径对同一内容一律要求“认真学习”，什么会议都要层层重复开，有的公职人员反映“十多天学的是同一个文件”；比如不管学习内容是否紧迫、重要，先把政务服务停了集中开会，甚至干脆规定每周一天为不办公的“学习日”。

---

① 在基层调研时感觉到形式主义有所抬头，提出的建议刊登在 2018 年 10 月 19 日《改革内参》。

二、对待上级的形式主义

一些地方和部门，不努力理解和落实中央和上级的指示原意，而热衷于表面的复述；明明看到在具体的决策内容、实施步骤、工作方法上有需要优化完善之处，却以“看齐意识”为名知情不报；个别机关，早上一上班互相打听的第一件事就是“领导有没有新的指示”，一有指示就“放下一切工作专心学习”；等等。在人民论坛组织的对“形式主义原因”的调查中，位居第一的就是“唯上是从的官场不良文化”。

三、文件会议中的形式主义

一些地方和部门，发文、开会首先考虑的不是切实解决工作中的实际问题，而是要通过“文山”“会海”为自己“打卡”“留痕”。所以，提法和要求层层加码，表态和调门越拔越高。形容词、排比句、数字阵，大话、空话、套话连篇累牍。调子越唱越高，干货越来越少。

四、决策执行上的形式主义

一些地方和部门决策时，只看形式上是不是“政治正确”，能不能“契合上意”，不看实质上是不是合理可行，能不能顺应民意。执行时，则只看是不是为自己免责避险，不看能不能真正解决问题，更不顾对社会经济发展和人民群众生活的实际影响。如环保，中央的要求到了一些地方和部门就变成不分青红皂白的“一刀切关停”，最后还是要中央出来纠偏。

形式主义造成的危害

一、严重损害党和政府的公信力

习总书记在论及文风时指出：“人们从文风状况中可以判断党的作

风，评价党的形象，进而观察党的宗旨的贯彻落实情况。”同样，形式主义不说实话、不报实情、不办实事，完全扔掉了我党实事求是的制胜法宝；形式主义欺上瞒下、媚上压下，极大损害了我党和人民群众的血肉联系。如果形式主义蔓延，党政干部个人在人民群众的形象会变成“虚头巴脑”，中国共产党“为中国人民谋幸福，为中华民族谋复兴”的性质也会大打折扣。

二、严重扭曲对于我国改革开放前景的预期

习总书记指出：“改革开放是我们党的历史上一次伟大觉醒。”这次伟大觉醒，在把中国从国民经济崩溃边缘拉回来的同时，也把中国从形式主义登峰造极的泥潭中拔出来。而四十年改革开放的真谛，就是不拘形式、不唯本本、不搞争论、发展经济。虽然中间有过重庆唱红打黑的回潮，但党中央一直坚持实事求是的思想路线。如果形式主义死灰复燃，很难让人没有“回到过去”的联想。

如何反对和遏制形式主义

习近平总书记指出：“形式主义实质是主观主义、功利主义，根源是政绩观错位，责任心缺失。”因此，反对和遏制形式主义，也应该从思想路线、激励约束、政绩考核、问责机制等各方面多管齐下。谨提出以下建议：

一、始终倡导和坚持实事求是的思想路线。

“坚持实事求是，就能兴党兴国；违背实事求是，就会误党误国”，这是被中国革命和建设的历史经验和教训反复证明了的。四十年的改革开放史，更是一部解放思想、实事求是的历史。而习近平新时代中国特色社会主义思想的思想路线、哲学底蕴、科学态度和活的灵魂就是实事求是。建议汇编毛泽东、邓小平、习近平等领导人关于实事求是的论述，特别是习近平总书记2013年12月26日在纪念毛泽东同志诞辰120周年座谈会上的讲话中的系统阐述，让“不唯书，不唯上，只唯实”在全党全国深入人心，让形式主义无所遁形。

二、营造“又有统一意志又有个人心情舒畅生动活泼的政治局面”。

十八大以来，针对管党治党宽松软状况，党中央铁腕反腐、从严整治，强调政治意识、大局意识、核心意识、看齐意识，坚决维护党中央权威和集中统一领导，中国共产党以全新形象面世。今天，领导核心、指导思想已经得到全党和全国人民的拥戴，并已在党章、宪法中明确记载。在此新局面下，应在继续全面从严治党的同时，强调保证党员和群众的民主权利，鼓励他们在服从党中央集中统一领导的前提下敢于、善于提出意见、建议，由此才能形成《关于新形势下党内政治生活的若干准则》所重申的“又有集中又有民主、又有纪律又有自由、又有统一意志又有个人心情舒畅生动活泼的政治局面”，这也是反对形式主义之必需。

三、落实对形式主义的惩戒措施。

虽然“四风”一直都是纪委的监督内容和监察委的监察内容，虽然形式主义是“四风”之首，虽然形式主义的表现和危害比其他“三风”有过之而无不及，但却鲜见因形式主义而被查处的案例，这是形式主义屡禁不绝的一个重要原因。应该要求各级纪委、监察委完整理解、真正落实党中央反对“四风”的严格要求，查处、通报若干“表态多调门高，行动少落实差”并造成严重后果或恶劣影响的典型案例，让形式主义信徒无利可图、有罚可领，变成像腐败分子一样的人人喊打的过街老鼠。

四、设计和实施与约束相匹配的激励措施。

实践证明，形式主义回潮有着机制的原因，这就是既缺乏对弄虚作假的约束，也缺乏对真抓实干的激励。唯上是从，光唱不干，既不会有过失，又常被领导看到；而埋头向下、真心干活，就可能“忙中错”，而且领导也不易了解。因此，必须完善考核、奖惩、擢用的机制，不但不能让“光撸袖子不干活”的人得势，更不能让“撸起袖子加油干”的人伤心。按照习总书记“三个区别开来”的要求，中共中央办公厅已经下发了《关于进一步激励广大干部新时代新担当新作为的意见》，应要求各地尽快落实。在全面从严治党的背景下，对公职人员的约束机制已经非常完整、严密，激励手段亟待同步配套。

完善宪法对基本经济制度的规定[1]

2018 年 12 月 21 日

1992 年的《宪法修正案》增加了关于基本经济制度的条款，非公经济第一次取得了宪法地位，这是改革开放史上的里程碑。为了和单一公有制的原有条款有所区别，修正案对基本经济制度加了一个时间限制，表述为："国家在社会主义初级阶段，坚持公有制为主体、多种所有制经济共同发展的基本经济制度，坚持按劳分配为主体、多种分配方式并存的分配制度。"

今年 10 月有权威人士接受央媒采访时强调"坚定不移贯彻基本经济制度"，重申"两个毫不动摇"，南京大学有一个教授发表评论文章，认为这"违背了宪法中对基本经济制度的规定"，因为宪法规定"基本经济制度只适用于初级阶段，具有明显的过渡性质"。这篇文章现在还在某网站挂着。事实上，这种观点，也是我国宪法学家、宪法学教科书中的主流解读。

对这种解读，我们认为：

一、不符合中国特色社会主义理论。按照中共十五大的定义，中国特色社会主义分为"初级阶段"以及"巩固和发展阶段"。而其后的中

---

① 从提出"取消对基本经济制度的时间限制"的建议之后，我一直通过各种方式持续关注并建议。2018 年 10 月，有国务院领导重申"坚持基本经济制度"，但却被某教授质疑为"违宪"，使得这一问题更加凸显。本文刊登在 2018 年 12 月 21 日《改革内参》。

共历次代表大会文件、领导人的讲话，一律明确无误地把“公有制为主体、多种所有制经济共同发展”的基本经济制度确定为整个“中国特色社会主义的经济制度”，而不仅仅限于初级阶段。

二、与宪法的其他规定相抵触。宪法对于市场经济、非公经济、私有财产等有着明确的规定。如第十五条“国家实行社会主义市场经济”，而市场经济不可能在单一公有制下实现；第十一条“国家保护个体经济、私营经济等非公有制经济的合法的权利和利益。国家鼓励、支持和引导非公有制经济的发展”；第十三条“公民的合法的私有财产不受侵犯”，“国家依照法律规定保护公民的私有财产权和继承权”。这些条文都没有“初级阶段”的时间限制。

三、为我国的社会经济现实所不容。四十年改革开放，最主要的制度性变革就是“公有制为主体、多种所有制经济共同发展的基本经济制度”和“按劳分配为主体、多种分配方式并存的分配制度”。非公经济已经是我国国民经济的半壁江山，非公有制人士和新的社会阶层人士也已经是我国社会的重要阶层。如果回到单一的公有制、单一的按劳分配，严重的社会分裂和动荡将不可避免。

按照中国特色社会主义理论，初级阶段的主要特征是“经济文化不发达”，而到建国一百周年，我国将建成社会主义现代化强国，以“不发达”为特征的初级阶段将被跨越。按照中共十三大报告的定义，初级阶段的终点是社会主义改造基本完成以后一百年，即 2056 年。从这两个角度，“初级阶段”都将在本世纪中叶被跨越，还有三十多年。而宪法关于经济制度的规定，将从根本上影响公民对资产的代际传承、长远安排，三十多年的提前量已经不多。如果对基本经济制度缺乏共识、引起误读，难免导致人心不稳、资产外流、社会动荡。

习近平总书记在他亲自主持的民营企业座谈会上强调指出：“党的十八大以来，我多次重申坚持基本经济制度，坚持‘两个毫不动摇’。”再次重申：“公有制为主体、多种所有制经济共同发展的基本经济制度，是中国特色社会主义制度的重要组成部分，也是完善社会主义市场经济体制的必然要求。”执政党的这种明确主张应尽快通过宪法成为国家意志，消除不确定性，给全国人民和国际社会以明确的预期。

因此，我们建议将宪法第六条进行适当的修改，淡化“初级阶段”的时间限制。如可以规定为：“中华人民共和国的社会主义经济制度的主体是生产资料的社会主义公有制，即全民所有制和劳动群众集体所有制。国家坚持公有制为主体、多种所有制经济共同发展的基本经济制度，坚持按劳分配为主体、多种分配方式并存的分配制度。”

发挥政协优势，推进“精准商量”①

2019 年 1 月 3 日

习近平总书记在纪念人民政协成立 65 周年大会上的重要讲话，是加强和改进人民政协工作的纲领性文件。在讲话中，习近平总书记精辟地指出：“在中国社会主义制度下，有事好商量，众人的事情由众人商量，找到全社会意愿和要求的最大公约数，是人民民主的真谛。”他反复要求“有事多商量，遇事多商量，做事多商量”，并特别强调：“涉及一部分群众利益、特定群众利益的事情，要在这部分群众中广泛商量。”

和谁有关的事就和谁商量，习近平总书记明确要求的这种“精准商量”，抓住了推进协商民主的关键。因为在实践中，这正是相关工作的一大短板。在一些管理者那里，不愿去做，不敢去做，更不会承诺。不少涉及特定群众利益的事，往往是领导讲一下倾向性意见，找几个专家“论证论证”就给定了，受影响最大的那部分群众的呼声往往被有意无意地忽略，在很多时候他们只是“被代表”“被商量”，于是协商变成了走过场，很多社会矛盾和冲突就由此产生。我们设想一下，例如“拆

① 2014 年，我在纪念人民政协成立 65 周年大会现场听到习近平总书记“涉及一部分群众利益、特定群众利益的事情，要在这部分群众中广泛商量”的要求时深受触动，这是党的群众路线的最新体现。我的学习体会先后在广东省政协研讨会、《全国政协机关通讯》上交流，2019 年被《中国政协》收录。2020 年，该建议被选为全国政协大会现场发言。

招牌”“抢棺材”这类事，只要和涉及到的群众有所商量，一定不会荒谬至此。

“精准商量”至少有以下三个不可替代的作用：

有助于完善决策。调研再详细，总不如当面听取群众反映现状和困难更真实；考虑再周到，总不如直接了解群众的想法和诉求后更完善。通过和有关群众的广泛商量，各抒己见、集思广益、思想碰撞，最终的解决方案一定会更接地气、更落实处、更少副作用、更多正能量。正如习近平总书记所说：“商量的过程就是科学决策、民主决策的过程。”

有助于理顺民心。有些决策是唯一可能的选项，还要商量吗？当然还要。通过商量，你可以讲清楚决策的缘起，讲清楚制约决策的因素，讲清楚决策实施后的效果，讲清楚对副作用的补救措施，等等，让涉及到的群众减少、消除抵触情绪，理解决策，接受方案，心通气顺，这就是习近平总书记所说的“统一思想、凝聚共识”的效果。

有助于落实“人民主体”。习近平总书记为什么要特别强调“一部分群众”“特定群众”？因为这部分群众往往是社会影响力、话语权较小的，比较容易被遗忘、被忽视。明确要求和他们广泛商量，就使得党的群众路线不留死角，使得中国梦真正成为每一个中国人的梦，从而达成习近平总书记所说的“全体人民当家作主”的目标。

中共十八届三中全会要求，推进协商民主广泛多层制度化发展，并明确提出了国家机关、政协组织、党派团体、基层组织、社会组织五种协商渠道。“精准商量”这么重要，毫无疑问，上述五个渠道都应该有所作为，但其中政协组织的地位尤其重要。

“精准商量”，主要发生在政策的制定、执行者与受影响者之间，即党委政府与特定群众之间，这就需要有制度化的渠道和平台。而人民政协的定位本来就是“社会主义协商民主的重要渠道和专门协商机构”，且从中央一直到县都有设立，制定、执行政策的党政部门利用政协这个渠道和平台，去与受政策影响的特定群众进行“商量”是最现成、最合适的。

"精准商量"，也可能在社会组织、有关企业和特定群众之间进行（如就某项公用事业服务事项的商量），这就需要有一个"中间人"。政协不是立法机关，不是权力机关，地位相对比较超脱，由政协，特别是基层政协，来做这类商量的"中间人"，能避免"公权介入"的嫌疑，又具备中立、透明的公信，应该是最佳的选择。

有些时候、某些事项，党委、政府需要委托机构去和特定群众开展"精准商量"，这就需要有一个"受托人"。而政协本身就是我国基本政治制度的重要组成部分，政协委员和政协机关干部对党和政府的方针政策、办事流程都非常了解，由政协代表党政部门去和特定群众商量，应该是效果最好的。

"精准商量"涉及方方面面，关联各个阶层，覆盖多类事项，需要有一个"发起人"和"推动者"。政协的组成人员来源多元，对各个社会阶层的诉求、利益都能接触、了解，基层政协的委员更是直接地气，由政协去发现"精准商量"的需求是最及时的。而政协又是协商民主的专门机构，政协参加单位囊括了几乎所有的界别，由政协去发起和推动"精准商量"也是最名正言顺的。

可见，要把习近平总书记布置的"精准商量"常态化、制度化，人民政协的作用不可替代。

"精准商量"对政协工作既是挑战，更是机遇。说是挑战，因为要去做这件事，政协工作的思路、方法、定位等都要创新、要调整，要放低身段，深入基层，直面矛盾，要放弃某些驾轻就熟的优势和路径依赖，直接对接基层群众实际问题的"地气"。说是机遇，因为去做这件事，政协工作就有了新的阵地和抓手，政协委员就能避免只待在"象牙塔"里；做好了这件事，人民群众对政协的认同度就能进一步提高，政治协商制度的生命力就能充分展示。

从制度上明确了政协的主体责任后，建议从以下几方面开展"精准商量"工作：

一、明确指导思想。从党的初心、执政合法性、决策完善、统一思想取得共识等多个角度，认识到“精准商量”是必不可少的步骤和程序。在与群众利益相关的事项上，要树立“公平优先，兼顾效率”的观念，一定不能操之过急，切忌层层加码。而各级政协组织，必须在“精准商量”中发挥独特和重要的作用。

二、规定触发门槛。凡是有可能减损群众权利、有可能增加群众义务的事项，都要和涉及到的群众广泛商量，商量是立法、行政的前提。政协机构、政协界别和政协委员都可以提议进行协商，也可以事先规定由地方政府交由政协组织协商。

三、精选商量对象。按照广泛性、代表性的要求，优先在涉及到的群众中选择人大代表、政协委员、法律工作者、媒体工作者、教师、公益组织人士等，要保证基层群众的比例。根据商量内容，还可以特别邀请非涉及群体的人大代表、政协委员、政府法律顾问参加。如果决策事项涉及到企业、单位（如拆牌匾），则一定要包括企业、单位的代表。

四、规范商量程序。商量不是通知，“精准商量”应该安排在决策、执行之前，至少应包括以下程序：事先公布商量的题目、内容，征集报名；公布参加商量的人员、地点、时间；完整记录各方的意见和建议；公布结果，包括主要的不同意见。听证会的形式已经比较成熟、规范，应作为“精准商量”的主要途径之一。

五、利用信息手段。实名制后的移动互联网，为“精准商量”提供了技术上的可行性。如可以按照分类把要商量的内容精准发放到涉及群众的手机上；如参加商量的群众可以用手机发表意见、参加表决，不需要现场，不需要同时；如可以由后台程序对群众发表的意见分类汇总、统计分析，必要时再度征求意见，做到“无一遗漏”；如可以通过手机对商量结果的实施进行跟踪；等等。通过信息手段大大提高“精准商量”的效率，保证“精准商量”的效果。

要实现中华民族伟大复兴，社会稳定是前提。但正如汪洋主席主政广东时就明确指出的：维稳的基础是维权。要维权，就要无一遗漏地关注和维护每一部分群众、各个社会阶层的利益，特别是那些容易被遗忘、被忽视的群众的利益。而习近平总书记要求的“精准商量”，就是新时代倾听群众呼声、维护群众权益、保证稳定发展的创新形式和途径，人民政协完全应该而且一定能够发挥不可替代的作用。在推进“精准商量”的过程中，人民政协履行政治职责的能力和质量也必将进一步得到提升，社会主义的协商民主亦将展示其旺盛的生命力。

激发企业主体活力是发展之本[①]

2019 年 1 月 7 日

企业是技术创新的主体，更是经济发展的主力。面临复杂多变的国际国内形势，经济要稳中求进，社会要和谐稳定，激发各类企业主体活力非常关键。这也是高层领导去年以来密集提及的一个热词。

激发民营企业主体活力，习近平总书记主持的民营企业座谈会是最具说服力的标志。这个座谈会的效应非常强烈。座谈会再次强调了基本经济制度，称民营企业家为“自己人”。过去几年，中央一直在强调基本经济制度。为什么民营企业家还是惶恐不安？原因就在具体的政策执行环节，在某些“清单”。

我公司是为不少大型央企提供服务的民营企业，在民营企业座谈会前后，遇到的是截然不同的两种类型的“清单”。原来的清单是：检查央企，要把供应商中民营企业的清单拉出来，一家一家地讲清楚“为什么要和这个民营企业合作”？我们要配合这种“讲清楚”。现在的清单是：国资委向央企发了通知，要求把对民营企业的应付款清单拉出来，优先偿付，我们要配合“核清数”。出现这种差距的原因，正如国务院副总理刘鹤指出的：是由于之前一些执行政策的人员，出于对自己政治安全的考量，不敢支持民营企业。所以，民营企业座谈会，不单是给民

① 本文刊登在 2019 年 1 月 7 日财新网。

营企业家吃的“定心丸”，更是给广大党政干部公平对待民营企业的执政行为吃的“定心丸”。

民营企业有“定心丸”，国有企业也有“活力丹”，这就是混合所有制改革。中央召开国企改革座谈会，要求用“伤其十指不如断其一指”的决心推动混改，我们要深刻理解中央的战略意图。混改意味着引入外部股东，而一般意义上的公司引入外部股东要解决的不外乎资金问题、市场份额问题、技术问题。但是，对大部分国企，特别是掌握国计民生命脉资源的央企，资金、市场份额、技术都不是主要的问题。中央强调国企改革以混改作为突破口，主要目的之一就是通过引入外部股东，特别是非公有制的股东，通过股东的多元化和相互制衡，解决国有企业的法人治理结构问题，建立和完善委托代理机制，推动国企职业经理人制度的建设，从而激发国企活力。所以，中央才多次重申，去年10月的国企改革座谈会把“完善治理，强化激励”作为首要目标，对国企高管设计了“契约化管理、差异化薪酬”的机制；中央关于弘扬优秀企业家精神的意见中首次提出“国有企业家”这一突破性的概念；“正向激励”这样的用词被中央经济工作会议所强调。

激发企业活力，说到底是要激发企业家的活力。给民营企业家，通过基本经济制度的强调和坚持吃了“定心丸”；给国有企业家，通过混合所有制改革、法人治理结构的完善、正向激励的强化吃了“活力丹”。企业自身的创新、发展，产品研制、市场开拓、全面服务、价值发现、风险管控等等，企业家一定会比任何外人、“专家”更操心、更专业、更有效。他们一定会在内在的驱动力之下，以超人的勇气、韧性、风险承受力去投入市场竞争，这是企业活力的主要来源。但这种竞争应该是公平的，不因所有制标签而先天有别。这就需要竞争中性的外部环境。去年12月底的国务院常务会议要求：按照竞争中性原则，对各类所有制企业和大中小企业一视同仁，这是最高层首次完整表态。不管是哪种提法，其实质都是中央党的十八届三中全会“全面深化改革决定”所提出的：“国家保护各种所有制经济产权和合法利益，保证各种所有制经济依法平等使用生产要素、公开公平公正参与市场竞争、同等受到法律保护，依法监管各种所有制经济。”只有在这种中性、公平的制度环境下，企业活力才能健康、持久。

激发企业活力，还要有一个健康的外部环境。民营企业要“定心”、发展，国有企业要混改、搞活，关注重点聚焦于企业作为市场主体的活力，充分说明小平同志当年做出“把党和国家工作中心转移到经济建设上来，实行改革开放”的历史性决策深入人心，不以时易。以经济建设为中心，就意味着不争论概念，不纠缠意识形态，在当前，就要把形式主义真正作为“四风”之首加以反对和遏制，因为形式主义极大地戕害着企业活力。对于民营企业，不少民营企业家经历过“文革”，没亲身经历的也不乏听闻，他们知道中国历史上形式主义登峰造极的时期就是“文革”年代。如果形式主义泛滥，他们会有一种“走回头路”“‘文革’回潮”的担心。前几年虽然法律、法规、政策中对民营企业的保护有增无减，但民营企业家的安全感却有所下降，形式主义回潮是重要原因。对于国有企业，则直接受形式主义之苦：在某些国企，企业经营管理者一半以上的时间都没有花在生产经营上，而是在“学习”一些没什么信息量、重复性的内容，何谈企业活力？党中央清醒地看到了这一点，习近平总书记前年就批示“要针对表态多调门高、行动少落实差等突出问题，拿出过硬措施，扎扎实实地改”；去年又要求“把干部从无谓的事情中解放出来”。用到了“解放”一词，说明把时间花在“无谓的事情”上的情况已经相当严重。只有按照中央的要求，坚决反对形式主义，一心一意发展经济，才能让民企“定心”，国企“有劲”。

中央精心设计各种措施激发企业活力，企业家对自己更要有恰当的定位。作为民营企业家，当年小平同志撕开“均贫”的铁幕鼓励我们先富起来，约定的前提是“共同富裕”；作为国企管理者，现代企业制度的建设让我们以相对较低的成本成为了“企业家”，但这只是让我们全力把属于全体人民的财富保管好、使用好、发展好的机制。无论国企、民企，都不能有不恰当的优越感或卑微感，都要清楚认识到企业的功能就是创造财富，而创造财富的目的，当然要实现企业家个人的财务自由，但在更大程度上是为了整个社会，为了全体社会成员的公平、幸福和自由。这是我们人生需求的更高层次，也是改革开放和基本经济制度的出发点，更是企业和企业家存在的价值。

通过现代企业制度的公司架构加强党对国有企业的领导[①]

2019 年 1 月 23 日

习近平总书记在论述中国特色现代国有企业制度时一直明确要求：要“把党的领导融入公司治理各环节”，“把企业党组织内嵌到公司治理结构之中”。2018 年 9 月，他在东北视察时再次强调：“坚持党对国有企业的领导必须一以贯之；国有企业建立现代企业制度也必须一以贯之。”可见，党的领导和现代企业制度是国有企业改革和发展中两个不可分割的关键词。

要把党的领导和组织“融合”“内嵌”到公司治理架构，是一项需要精心设计、统筹实施的系统工程。在整体的设计和实施方案出台之前，部分国有企业采用了在公司章程中增加“党组织研究讨论是董事会、经理层决策重大问题的‘前置程序’”规定的做法。但是，“前置”毕竟不是“融合”“内嵌”，我们应该在国有企业决策、执行、监督的各个环节设计有效的机制，把党的领导有效地融合、内嵌于现代企业制度的公司治理架构。建议国有资产监督管理部门修订、完善对国有企业股东会、董事会、高级经理人员和监事会的管理规定，确保股东会、董

① 中央要求把党对国有企业的领导“内嵌”和“融合”于公司治理结构。针对某些“外挂”的做法，我提出了把党的领导通过公司法人治理架构去实现的措施。本文刊登在 2019 年 1 月 23 日《学习时报》。

事会、高级管理层和监事会的核心成员同时都是党组织的领导成员，通过对这些成员的委派、选举和管理实现党的领导、组织与公司治理架构的融合和内嵌。这些成员在党组织内部先取得一致意见，再把这些意见贯彻到公司的法定程序中，就能将党的路线、方针政策完整贯彻到公司决策、经营和监督的整个过程。具体思路和措施建议如下。

在股东会层面，规范对国有股东代表的委派和管理

国有独资公司不设股东会。国有控股公司设立股东会，作为股东的国企都应该委派掌握党的方针政策、熟悉所投资公司产业特点和经营情况的干部担任股东代表。在股东会会议之前，单一国企控股公司的国有股东代表应该按照所审议事项的性质向股东公司的董事会或经营管理层请示并取得授权；多个国企联合控股公司的各国有股东代表在分头请示之后还应该进行协调，取得对所要表决议题的一致意见。必要时，多个国企联合控股公司的各国有股东代表中的党员还可以成立临时党小组统一思想。这样，就能保证党的领导、组织与国有控股公司股东会的融合。

在董事会层面，规范对董事会组成人员、董事长的委派和管理

对国有独资公司，《公司法》规定：国有独资公司的董事会成员、董事长、副董事长等都由国有资产管理监督机构委派、指定。因此，应该由国资委按照党的组织原则和干部管理程序，保证董事长、副董事长和大多数董事会成员都是通过党组织严格考察的干部。

对国有控股公司，作为控股股东的国有资产监督管理机构或其他国有企业在公司股东会中拥有多数表决权，应该由国有资产监督管理机构牵头与其他出资的国有企业协调，确保通过股东会提名和选举的程序，让通过党组织考察的干部占据董事会的多数席位，确保公司董事长由党

组织委派的干部担任。

董事会中的党员干部同时又是公司党组织的领导成员。在董事会开会决策前，董事会中的党员干部应先就重大事项协商一致，确保董事会的决策符合党的方针政策。

加强对公司高级管理人员的管理

既然董事会的多数成员和董事长都是党的干部，而《公司法》规定公司经理及其他高级管理人员由董事会选聘，那么就可以通过董事会的表决机制，保证核心的高级管理人员都是经过党组织严格考察的干部或党组织信任的同志。

高级管理人员负责日常经营，他们的创造性和能动性对企业发展至关重要。怎样在保证党的领导的前提下引入市场化选聘和退出机制，建立激励充分、约束有效的职业经理人制度，亟须积极探索，循序渐进。

结合纪检监察机制，强化监事会职能

监事会成员由股东会选举，国有股东同样可以通过提名和表决的程序，保证监事会的大多数成员是党组织选拔或信任的干部。在提名时，应适当考虑监事会与纪委的交叉任职，有效履行和保证在党的领导下的监督职能。

以上的思路和途径，已经被中国共产党对国家政治机构的领导方式所成功验证。比如，《人大组织法》并没有规定重要议案要先经过人大党组的“前置审批”，《政协章程》也并没有规定重点提案要先由政协党组“预审”。党在人大、政协的“领导核心”作用，就是通过提名、选举、表决等法定程序，通过与人大、政协立法、议事、建议的各个环节的融合和内嵌实现的。

在全国国有企业党的建设工作会议上，习近平总书记再次强调坚持党对国有企业的领导是重大政治原则，必须一以贯之；建立现代企业制度是国有企业改革的方向，也必须一以贯之。这就要求有效划分企业各治理主体权责边界，充分发挥党委（党组）的领导核心作用，切实落实和维护董事会依法行使重大决策、选人用人、薪酬分配等权力，保障经理层经营自主权，加快形成有效制衡的法人治理结构。用党对国有企业内嵌式、全过程的领导，逐步替代部分国企在公司章程中把党组织作为具体程序的“前置”环节的做法，既能完善国有企业的法人治理结构，还能完全符合刚刚更新的《公司法》的规范性要求，更能有效回击对我国“国企扭曲竞争”的责难，展示我国的市场经济地位。

重视和消除产权保护中的“非制度性”因素①

2019 年 3 月 9 日

习近平总书记亲自主持民营企业座谈会并发表重要讲话，既给广大非公经济人士吃了定心丸，也给帮助和支持民企发展的广大党政干部吃了定心丸。要让定心丸效用最大化，除了要认真学习总书记重要指示精神，坚决落实总书记提出的六条要求外，还应高度重视产权保护中的“非制度性”因素，清理和排查个别地方和部门不符合中央要求的言行，把形形色色的“乱心丹”“伤心片”扫进历史的垃圾堆。

对于非公经济和民营企业的保障，我国宪法、法律法规和政策体系规定得非常明确、具体。特别是党的十八大以来，以习近平同志为核心的党中央不断强调对基本经济制度的坚持和对民营企业的支持。十八大和十八届三中、四中全会文件再三要求“两个毫不动摇”。2016 年 3 月 4 日，习近平总书记在全国政协联组会上的重要讲话，专门对基本经济制度和非公经济发展做了强调：“我们党在坚持基本经济制度上的观点是明确的、一贯的，而且是不断深化的，从来没有动摇。中国共产党党章都写明了这一点，这是不会变的，也是不能变的”，“我在这里重申，非公有制经济在我国经济社会发展中的地位和作用没有变，我们毫不动摇鼓励、支持、引导非公有制经济发展的方针政策没有变，我们致力于

① 在中央保护产权的三令五申之下，非公经济人士的不安全感相当一部分来自“非制度性因素”。本文刊登在 2019 年 3 月 9 日财新网。

为非公有制经济发展营造良好环境和提供更多机会的方针政策没有变。”同时，他对解决融资问题、放开市场准入、建设公共服务体系、利用产权市场组合民间资本、清理精简行政审批事项、减轻企业负担等也都做了要求。其后，在中央深改组关于加强产权保护的意见基础上，中共中央、国务院下发了《关于完善产权保护制度依法保护产权的意见》，最高法、最高检、公安部等纷纷下发配套文件，要求都十分明确。2017年，中共中央、国务院下发《关于营造企业家健康成长环境弘扬优秀企业家精神更好发挥企业家作用的意见》，进一步对保护企业家的财产权、创新权益、自主经营权，营造公平竞争的市场环境和尊重企业家的社会氛围，弘扬企业家精神，加强对企业家的服务和优秀企业家培育等都做了明确要求。

可见，坚持基本经济制度、加强产权保护、支持民营企业发展，是党中央的一贯方针，是党和政府关注的重中之重，是中国特色社会主义经济制度的基础。那么，在党中央权威日益强化、“两个维护”已成为政治纪律之时，为什么社会上还会反复出现“民营经济离场”等论调？非公经济人士的安全感为什么还会明显下降？为什么还要总书记亲自出来主持座谈会，再次喊话民营企业家是“自己人”？

刘鹤同志去年10月份在回答央媒记者关于“当前民营企业对落实基本经济制度面临一些焦虑”的问题时，分析了“实际执行过程的误解和偏差”的原因，是部分机构或人员认为支持民营企业“政治上有风险”，所以，“宁可不作为，也不犯政治错误”。他指出：“那些为了所谓个人安全，不支持民营企业发展的行为，在政治取向上存在很大问题，必须坚决予以纠正。”这就说明在基本经济制度的制度性因素之外，在某些地区和部门，存在着或明或暗的“政治取向”，让党政干部及有关机构工作人员感觉到支持民营企业有“政治风险”、可能犯“政治错误”，让民营企业家感到焦虑和恐惧。总书记在民营企业座谈会的讲话，在指出“存在不应该有的政策偏差”时也用了“很大差距”一词。那么，到底有哪些非制度性因素和现象，在干扰着基本经济制度的贯彻呢？

比如“内部清单”。有银行反映：审计检查时，要求银行把贷款客户中民营企业的清单打印出来，然后对每一项民企贷款都要解释清楚贷款理由；有国企反映，巡视检查时，要求企业把供应商中民营企业的清单打印出来，然后逐条解释选择这家民企的理由。类似的“清单”还有不少。只要见到或听说过这种清单，难免会对支持、帮助民营企业心生畏惧。

比如片面报道。有些媒体对腐败官员的报道，如果该官员接受的贿款中有来自民营企业家的，就一定会写明“接受私营企业主的贿赂”；如果贿款来自国企，对来源就一笔带过，不提“国有企业行贿”。有些媒体报道食品安全、药品质量或其他安全事故，如果出事企业是民营，就一定要强调其私营性质；如果出事企业是国有，则甚至连企业名称都讳莫如深。至于类似“私营企业主利欲熏心”等提法更是常见报端。听多了，看多了，自然会在心里把民营企业打入“另册”。

比如对非公经济代表人士的“特别关照”。习总书记指出：“对有贡献的非公有制经济人士做适当政治安排是一项重要工作。”但是，某些地区把对非公经济代表人士政治安排前的“综合评价”搞得特别严苛，要去几十个部门盖章，每个部门都可以出否定性意见。如有一个非公经济人士要进入民主党派省级班子，因为他有一套房子由公司员工居住，没有“租房合同”，有关部门就以“租房行为不规范”为由出具否定意见。在社会各界，特别是非公经济人士心目中，这些代表人士的遭遇就是民营企业遭遇的缩影，这样的“特别关照”无疑会影响他们的信心。

比如执政行为中的“任性”。企业出了质量事故，或者经营违规，完全应该依法追究、处理，但经常看到的是，如果出事的是民营企业，企业主个人往往会被“控制”，企业本身也常会被政府成立的工作组“接管”。有的案例中，就连官员腐败案发牵涉企业主，企业本身也有被“接管”的。还有如某副省级城市为出台汽车限购政策，居然出动上万警力对所有汽车4S店“封门”。正如中共中央、国务院2016年11月关于保护产权的意见里指出的：“利用公权力侵害私有产权，违法查封、扣押、冻结民营企业财产等现象时有发生。”这种“任性”，从根本上损害了非公经济人士的安全感，也让党政干部很容易认为支持民营企业是“雷区”。所以，总书记在民营企业座谈会的讲话中明确要求把“保护企业家人身和财产安全”作为六条措施之一。

凡此种种，不一而足。这些言行，肯定都不符合宪法、法律、法规，也和党中央的文件、领导讲话精神背道而驰，属于“非制度性”因素。但是，经历、听闻之后，或切肤之痛，或感同身受，或耳濡目染，难免使得非公经济人士的安全感下降，使得党政干部支持民营企业的“风险感”上升。一些干部的口头语叫作：“红头”不如“白头”，“白头”不如“口头”。若不清理、消除这些非制度性因素和现象，再好的制度、法律、政策，再多的文件、讲话、精神，还会是“春风不度玉门关”。

为此，建议：

第一，在法治的轨道上解决产权保护问题。

中央全面依法治国委员会第二次会议强调：“法治是最好的营商环境”，这是消除非制度性因素、解决产权保护问题的根本。

坚持基本经济制度、加强产权保护，是全面依法治国的典型问题。执政党的立场一直非常坚定，多次文件、讲话，明确载入党章；执政党的意志在宪法和法律中也体现得十分完整、充分，审判、检察、公安机关的态度也非常鲜明；既是经济和社会发展的第一紧迫需求，也是全国人民和国际社会的关注热点。理论根基、法律基础、现实需求、社会关注、领导重视等全都具备。这个问题能不能依法解决好，是全面依法治国能不能真正落实、见效的一块试金石。

建议中央全面依法治国委员会把坚持基本经济制度、加强产权保护作为开题之作。组织协调各个相关机构和部门，清查、纠正各种制度化、非制度化的所有制歧视和壁垒，在立法、执法、司法、守法等各个环节确立对各类市场主体的同等保护、一致监管、公平准入，确保权利、机会、规则的均等。

第二，逐步淡化，最终取消对企业的所有制分类。

有分类，就会有歧视和壁垒。我国对企业按照所有制进行分类管理的做法，具有历史必要性。随着经济社会快速发展，这种分类管理已经不再具备必要性，也逐渐失去可行性。

先看必要性。改革开放初期，连雇工人数超过几个就要算“剥削”都是热点，自然需要从保护力度、准入范围、监管方法等各方面区别所有制，“分类施策”。随着中国特色社会主义基本经济制度的确立和完善，对不同所有制“一视同仁”已成为共识。习近平总书记2016年在政协联组会上的讲话、2018年在民营企业座谈会上的讲话中都强调：中共十八届三中全会提出，“公有制经济和非公有制经济都是社会主义市场经济的重要组成部分，都是我国经济社会发展的重要基础”；“公有制经济财产权不可侵犯，非公有制经济财产权同样不可侵犯”；“国家保护各种所有制经济产权和合法利益，坚持权利平等、机会平等、规则平等，废除对非公有制经济各种形式的不合理规定，消除各种隐性壁垒，激发非公有制经济活力和创造力。”既然对不同所有制的保护、监管、准入都是一致的，权利、机会、规则等都是平等的，那么，对企业按照所有制分类就失去了必要性。

再看可行性。改革开放初期，从个体工商户发展到私营企业，投资主体的性质较为单一。时至今日，公司的投资主体越来越多元化，越来越多公司的股东中，既有个人股东，也有公司股东，公司股东的股东同样可能兼有国有、非国有、外资等成分。特别是上市公司，已经出现了再怎么追根溯源也无法确定控股股东或实际控制人的情形。近年来，中央又把“混合所有制改革”作为国企改革的突破口，国有企业的股东也将越来越多元化。在这种情况下，公司越来越无法按单一的“国有”或“民营”的所有制进行分类。已经是好几代的混血了，一定要讲血统，也只能是“混血”。

我国的法律法规已经不再对企业按所有制分类，《公司法》只是对国有独资公司股东会董事会的特点做了特别规定。建议从党的文件、政策规章、宣传报道等各个方面，逐渐淡化、逐步取消对企业的所有制分类。只有消除“所有制本位”，才能杜绝“所有制歧视”。

第三，几点具体建议。

（一）清理各种“内部清单”

能让党政干部和机构工作人员不敢支持民营企业的“内部清单”，一定是负有审查职能的部门布置的工作要求。习近平总书记在民营企业座谈会上，要求对支持民营企业的工作开展专项督察。建议把清理这类“清单”作为专项督察的突破口，要求监管、审计、巡视等部门对相关工作要求进行摸底、清查，取消带有所有制歧视的显性或隐性工作要求，明确在今后工作中不再要求这类清单。

（二）及时纠正宣传报道中的所有制渲染和歧视

习近平总书记在民营企业座谈会上要求：“要加强舆论引导，正确宣传党和国家大政方针，对一些错误说法要及时澄清。”建议由宣传部门颁发规定，明确要求在案件、事故、突发事件等报道中不得渲染企业所有制，不得出现对某一类企业家群体的不实形容词。

（三）加强对非公经济代表人士的日常管理

同样是作为人大代表和政协委员的候选人，国有企业的管理人员只需要组织部门的审批，不需要几十个公章放行。借鉴这一做法，建议明确由统战部门作为非公经济代表人士的日常管理部门，通过动态的联络和沟通，全面掌握非公经济代表人士的思想政治动态、行业代表能力、参政议政成果、社会影响信誉等情况，提高广大非公经济人士的归属感。

（四）纠正任意损害企业家人身和财产安全的行为

按照习近平总书记在民营企业座谈会上的要求，不因历史上的不规范行为而影响企业现实发展，不因企业所有者、经营者个人问题而危及企业本身，不因企业家违法甚至犯罪行为而影响其合法产权；继续甄别纠正侵害企业产权的冤假错案，以个案推动法治、重树信心。

科技型企业减税三策[①]

2019 年 5 月 1 日

自主创新已被确立为基本国策，而创新的主体主要在企业，特别是以创造性智力劳动为主要资源的科技型企业。如果在某些旨在惠及所有企业的政策变动中，科技型企业不仅雨露未沾，而且负担更重，这就难免与基本国策南辕北辙。在“营业税改增值税”（以下简称“营改增”）政策的制定和实施过程中，就出现了类似现象。我们在调研中发现：“营改增”之后，科技型企业的税负普遍不降反增，研发投入越大的科技型企业增加的比例越高。其主要原因，一是增值税税制中对“进项抵扣”的规定未考虑科技型企业的特点，二是“营改增”之前就已实施、“营改增”之后又承诺延续的优惠政策名存实亡，三是有关部门在制定政策时互不通气、政策打架。笔者的分析和建议如下：

一、完善科技型企业增值税“进项抵扣”规则

“增值税”最低一档的名义税率也比营业税高，因此，“营改增”后企业税负的高低主要取决于能抵扣的进项税有多少。科技型企业以创造性智力劳动为主要资源，以技术人员的薪资费用为主要成本，这些在

---

① 本文刊登在2019 年5 月1 日《中国改革》。其中的建议被批示给国家税务总局。

现行规则下是不能作为进项抵扣的，科技型企业的实际税负就可能增加。研发投入的人力成本比重越大，税负增加越多。反而是那些“买进卖出”的商贸型企业、“采购—制造（组装）—销售”的制造型企业，由于进项税可以抵扣，实际税负会降低。这种结果，和国家大力鼓励、支持企业研发投入的初衷显然相悖。

企业的技术成果，从来源来说，可分为外购和自行研发两类。外购成果，可以要求供应商开具增值税专用发票，企业可以抵扣；而自行研发技术成果，不论企业投入多少、周期多长、性质如何，都不能作任何抵扣。这显然是不合理的，也是科技型企业在“营改增”后税负增加的主要原因。如果能比照外购无形资产，对自行研发的技术成果适当计算进项税并允许抵扣，就能大大缓解这一困境。

科技型企业的人力成本分为两类：一类投入了日常生产经营活动（包括对生产经营活动的技术投入），这类投入形成企业当期的收入，产生损益，会计上本来就应该计入当期成本，自然不应该拿来抵扣。另一类投入的则是中长期的技术研发，其研发成果不形成企业的当期收入和损益，需要在以后的会计期间才产生效益。对于后一类投入，会计准则要求不计入当期成本，应将其“资本化”，计入无形资产。既然它们都是无形资产，建议参照企业外购无形资产时的办法，综合考虑实际投入成本和公允价值计算进项税，允许企业对其抵扣。

会计准则对研发费用资本化的内容、流程等都有严格规定，对无形资产也有着具体、明确的标准。允许对资本化后的、真正形成无形资产的研发人力成本计算进项税，既有着明确可遵循的会计准则和核算办法，又能避免“对全部人力成本计算进项税”的“搭车优惠”。通过这种方式适当降低科技型企业的税负，政策的合理性、可行性较高，实施的成本和副作用也较低。

看到“研发费用”，我们耳熟能详的政策就是“研发费用加计扣除”，再允许增值税抵扣，这不是重复优惠吗？其实不然。其一，形成无形资产的这部分人力成本在核算上已经不再属于“研发费用”，自然不能“加计扣除”，根本不会“重复优惠”。其二，能从“研发费用加计扣除”政策受惠的企业是已经产生利润的企业，而绝大多数科技型企业在特别需要政策支持的初创期一般都没有利润，相比所得税环节加计扣除的“锦上添花”，进项税抵扣是流转税环节的“雪中送炭”，应该更管用。

就这一建议，笔者曾经和有关部门交流过，得到的答复是“思路可以，但牵涉对税收理论和现行政策的突破，暂不可行”。但是，优惠政策总是需要一定程度“突破”的。“研发费用加计扣除”也是突破，企业只花了100万的研发费用，凭什么按175万加计扣除？只要符合国家的战略方向、符合社会经济发展的根本需要，突破就应被允许。

二、落实对企业“四技收入”的增值税优惠政策

科技型企业中有相当一部分的收入是“四技收入”，即技术研发、技术转让、技术咨询和技术服务。国家一直大力鼓励、支持企业的这类收入，“营改增”前，只要是经过省辖市级科技部门认定后的“四技收入”，便一直享受着免征营业税的优惠。改成增值税后，文件里延续了“继续免征”的规定，但加上了一条“不能开增值税专用发票，只能开普通发票”的限制，使得这一优惠政策完全成了“摆设”。原因在于，从企业的角度，如果对“四技收入”开具普通发票，客户不能抵扣，不会接受，一定会要求企业开增值税专用发票，而企业开了增值税专用发票，就不能享受税收优惠。政策表面上是对“四技收入”免税，实际上是由“四技收入”的客户埋单：普通发票不能抵扣进项税，给“四技收入”减免的税款一分不少都从客户那里收回来了，这种税收“优惠”能是真正的优惠吗？

据向有关部门了解，之所以有“四技收入”不能开专用发票的规定，理由是“增值税是一根链条，在任何中间环节减免都会导致链条断裂”。但是，同样是增值税优惠，软件企业就可以开增值税专用发票，软件企业的客户就可以抵扣，软件企业本身通过“即征即退”来实际享受优惠。另外，对集成电路、飞机维修、太阳能设备制造等行业的增

值税优惠也是允许开专用发票并即征即退的。因此，要真正体现对科技型企业的一贯支持，兑现对“四技收入”的优惠承诺，有关部门就应尽快比照对软件等行业增值税优惠的做法，允许“四技收入”开增值税专用发票并即征即退。只有这样，才既能保证对“四技收入”优惠政策的连续，又能保持增值税抵扣链条的完整。

在调研中，我们还了解到：在相当多的地区，对于“四技收入”的认定一律从省辖市的科技部门上收到省级科技部门，不管金额大小。此举带来的后果，一是大大拖长了认定周期。省级科技部门往往只有一个（最多两个）专人负责全省企业合同的审定，一个合同能拖上半年，而按照规定，科技型企业必须等到合同认定后才能给客户开发票，一般的企业都等不到认定。二是显著增加了沟通成本。省级科技部门对于各地企业的情况了解不足，每个合同都要到省会城市去沟通，有些企业只能选择不报。建议由国家有关部门下发文件，统一要求各地把“四技收入”的认定明确为省辖市科技部门的职责。

在调研中，有一个科技企业负责人说得很坦率：“‘只让开普通发票，不让开专用发票’的规定摆明了就是不想少收税；好不容易遇上一个能接受普通发票的客户，合同又要拿到省里审半年，就是把你的耐心给折腾没了。”他呼吁：“要么就实实在在地给优惠，不要在标准和程序上都设关卡；要么干脆明说不能优惠。”倾听企业心声，改变在“四技收入”税收优惠上“口惠而实不至”的规定，是为广大科技型企业降税减负的当务之急。

三、消除股票期权税收相关规定的自相矛盾

对于科技型企业，特别是自主研发比重较大的科技型企业，技术骨干是最主要的资源，企业一般都会在工资以外采用股票期权的形式对他们给予激励。股票期权，是指由公司授予员工在一定年限后可以某约定价格购买约定数量股票的权利，被公认为是能够促使公司骨干与股东形成利益共同体的有力手段。但是，我国税务部门和证券监管部门对股票

期权自相矛盾的规定，使得这一激励手段的效果大打折扣。

按照税务部门的规定，被激励的对象必须在行权（即按照约定数量和价格购买公司股票）时按照“工资薪金所得”缴纳个人所得税；而按照《证券法》和证券监管部门的规定，公司高管所获得的期权，在行权后必须先锁定 6 个月，然后每年只能出售上年末余额的 25%，直到剩下 1000 股才可以一次卖完。也就是说，科技公司高管行使股票期权后，不但要垫付资金，按照“工资薪金所得”缴纳个人所得税，而且，这项“工资薪金”还要被拖欠数十年，更不知道最后能拿到多少钱、是不是能弥补已缴纳的税款（在数十年间如果股价下跌，已经缴纳的个人所得税是不能退回的）。因此，出现了和股权激励的初衷背道而驰的局面，公司高管要么放弃行权，要么在行权后辞职。

要消除这种部门间规定的自相矛盾，只能从根本上明确期权的性质，即：

如果认定期权为“工资薪金所得”并全额征收了个人所得税，就不应该对期权股票的出售施加限制。建议修改《证券法》及证券监管部门的规定，将公司高管行使期权所获得的股票和从其他途径得到的股票相区别，允许期权行权后自行出售，不加时间限制。或者干脆按照成熟资本市场的做法，采取“出售时才行权”的做法。

如果认定期权为“需要限制出售的资产”，就应该修改税务部门“行权就交税”的规定，到期权股票卖出时按照实际收益征收个人所得税。国家税务总局后来曾下发通知，规定“上市公司高管期权个税可延期 6 个月”，但因为有证券监管部门“每年只能出售 25%”的规定，延期 6 个月也无助于改变高管“负资产”的困局。

期权激励是发达国家实施多年的制度，各项规定、配套措施都非常成熟。在此问题上，既没有很大的“国情”差别，也不用再“摸着石头过河”。建议有关部门尽快协调一致、纠正完善。

国家对科技创新在各个方面的支持力度都很大，如资本市场的科创板、金融领域的科技金融。与此形成鲜明对比，科技型企业却是在最近几年的税制调整、减税降费中获得感最低的。过去一年，增值税大幅降低，但对某些科技型企业来说却是“负效应”：他们本身并不在降税范围内，某种程度上他们外购资产、劳务时能抵扣的税额反而减少了。本文所述的三个问题，应该是客观存在且性质明确的，如果能在一定程度上得到解决，不失为税收法规对自主创新基本国策的响应，为科技型企业之福。

用制度融合推动粤港澳大湾区建设[①]

2019 年 6 月 10 日

“粤港澳大湾区”是由习近平总书记亲自提出、亲自谋划的。在此之前，原有的“粤港澳合作”已经实施了一段时间，在“一国两制三种税制”格局之下能做的事大多已做完。粤港澳大湾区的建设如果要比粤港澳合作取得实质性的进展，必须在跨越体制机制的差异上有所突破，让人才、资金、信息、物资等逐步畅通，这是世界上其他几个湾区都没有的挑战和机遇。用一个形象的比喻，我们现在已经有了物理上的港珠澳大桥去跨越伶仃洋，我们还应该建设一座“制度上的港珠澳大桥”去跨越“一国两制三种税制”，而且是“双 Y”的。以下是四点思路和建议：

第一，关于税制的融合。

香港、澳门、内地的三种税制，随着粤港澳大湾区的建设，最终总是要逐步融合的。无论是为了助推建设还是为了探索融合，都应该在特定区域做出一些先行先试的安排。

作为大湾区内的粤港澳特别合作区，珠海的横琴开始试行“港人港税”“澳人澳税”，但并不是税制的试点，而由政府通过补贴形式实现。港澳居民一定是跟着企业和机构才过来的，个人税制应该和企业及机构

① 粤港澳大湾区建设由习近平总书记亲自谋划、亲自部署、亲自推动，制度融合应是重中之重。本文为我参加九三学社中央调研时提出的建议。

的税制相配套。而且，政府补贴的形式也不易持久、稳定。因此，建议在粤港澳大湾区的特定区域（比如珠海横琴、深圳前海、深圳河套等），除了试行个人所得税的“港人港税”“澳人澳税”，还试行对企业“允许通过选择母公司所在地税制的方式实现三种税制并存”。具体地说，只要某公司来自香港或澳门的投资超过一定比例（如51%），这个公司就可以自愿选择采用香港或澳门的税制，包括强制公积金等社保安排。可简称为“港企港税”“澳企澳税”。

通过这种机制，至少可以起到三方面的作用：第一个作用是吸引外资。大湾区的市场、基建、产业配套等对外资肯定是相当有吸引力的。如果消除了税制、社保等方面的不确定性，外商投资的积极性一定能大大提高。除了港资、澳资，其他的外资也都可以通过港澳设立公司再到大湾区投资的方式落实。第二个作用是比较税制。到底什么样的税制和税率，既能让企业发展，又能满足社会公共服务的需求？与这种税率相匹配，公职人员合适的规模多大？在这样的税制下，征管机构如何设置合理？社会保障费率的均衡点在哪里？等等，都可以通过这种税制的并存来加以测试。第三个作用是可以为三地的税制融合做好过渡。三种税制最后总是要融合的，通过税制并行，可以完整了解每种税制的特点，为税制融合的制度设计、经验储备积累、队伍培养打好基础。

第二，关于土地资源和基础建设的互利。

粤港澳三地紧密相连且交通便捷，在土地、基础建设等方面可以互为利用、资源共享、优势互补。且已有成功案例：澳门大学扩展缺地，中央就在横琴划拨一块土地作为澳门大学的全新校区。

澳门适度多元化，是中央一直高度重视但见效一直不明显的一个突出问题，澳门没有港口是重要原因之一。虽然我国的澳门、香港和内地一样都是WTO成员，澳门对欧洲特别是葡语系国家也有着明显的经贸优势，但因为没有港口，这种地位和优势较难发挥。而相邻的珠海高栏港是天然的深水良港，吞吐量远未饱和，周围的物流和仓储用地也有空间。建议借鉴“澳门大学新校区”的思路，在高栏港拨出部分泊位给澳门使用，并配套仓储和物流用地。这样，可以大大便利我国内地特别是广东西部、广西、海南等地和欧洲，特别是葡语系国家之间的贸易往来，减轻已经饱和的香港港口的部分负担，推动澳门适度多元化的实质性进展，也能大大增加高栏港的活力。

深圳河套地区是深港两地规划中的发展重点。该地区的所有权属于深圳，但管理权分置："大河套"由深圳管理，"小河套"由香港管理，来往"大河套"和"小河套"就需要出入境，对统一规划、开发、运营都带来不便。建议对"小河套"地区实行类似沙头角中英街的管理办法。中英街凭通行证就能出入，不需要香港签注，不需要出入境手续，当然不能从中英街再到香港。仿照这种方式，在深圳河上建一座桥联通大、小河套，桥上只对出入的内地居民查验通行证，但不能从"小河套"再到香港。这样，小河套地区就成了内地居民只需通行证就可以出入的管理区，不需要经由出入境口岸就可以与"大河套"无缝连接，大大提高人员来往的便捷程度，从而提高规划、开发、运营的效率。

第三，关于联合教育。

广东在创办一流大学上决心很大，进行了如南方科技大学等不少尝试，但体制约束依然是瓶颈。在粤港澳大湾区建设进程中，建议采用联盟和实体的两类形式推动三地联合办学。

联盟形式，是指依托三地现有的校舍、师资、资质等，划出一部分组成联合大学，三地各成为联合大学的校区。教授资质在经过一定的认证程序之后共享，面向三地招生，学生在学校期间可以根据需要和选择、分别或轮流在三地上课，毕业生视不同的教育经历取得一地、两地或三地的文凭或学位证书。这种方式见效最快，但需要确定三地联盟学校，划分校区，协调工作量较大。

实体形式，是指类似珠海联合国际学院（UIC，由香港浸会大学和北师大合办）的模式，由三地的两所或三所高校联合，在广东另择新址建校。师资可以由原学校选派或外聘，学生基本上在内地招生，毕业后也可取得多地的毕业文凭或学位证书。UIC 的经验表明，以一所学校主导办学效果较好，UIC 主要由浸会大学主导，许嘉璐（全国人大常委会前副委员长）任校董会主席。建议实体联合大学应尝试以香港或澳门办学模式为主导，在体制、机制上探索并有所突破。

第四，在风险可控前提下为粤港澳合作提供信息畅通手段。

一国两制所导致的信息沟通和传递的障碍客观存在：在同一个会议室内讨论问题，香港教授能从网上搜到的内容，内地老师看不到；澳门设计师发的邮件，内地生产商很可能收不到或者打不开附件。原来通过“翻墙”能部分解决，但最近的案例提示有法律风险。怎么办？所谓“信息特区”的方案目前肯定不合适。但是，现在的控制和管理已非常精准，如港澳的手机到了北京没有限制，内地手机到了港澳还是一样的管控机制，以这样的技术水平，可以在风险基本可控的前提下针对特定对象部分开放权限。比如，去年开始对具有合法稳定就业、合法稳定住所、居住半年以上的港澳居民允许办理内地居住证，如果对于已办理居住证的港澳居民在内地有合作项目、合作团队，是否可以由该港澳居民担保，为数量严格限制的内地合作伙伴的手机适当开通权限，以方便信息分享和传递？这些港澳居民及其合作伙伴，都是职业稳定、住所固定、有相当收入和资产的群体，在他们担保和保证决不利用开通的权限从事危害国家安全行为的前提下，适当开放一点互联网权限，应该是一个既守住了意识形态的南大门，又为粤港澳大湾区信息传递提供了必要条件的开放举措。

告别“成绩会演”，还考察调研以本色[①]

2020 年 3 月 9 日

武汉市民在领导调研时大叫“假的，假的”，让“考察”“调研”中传染力惊人的这个“病毒”再次曝光在全国人民面前。在为“中央指导组领导现场就提出改进要求，并随即召开专题会议落实”的举措叫好的同时，我们更应该反思、改进考察、调研本身。

习近平总书记指出：“调查研究是我们党的传家宝，是做好各项工作的基本功。”十八大以后党中央“八项规定”的第一点就是“改进调查研究”。各级领导、专家的调查研究，是新时代治国理政的“法宝”。调研作为“法宝”，其命门就是要“深入了解真实情况”。但是，曾几何时，在有些地方、部门的调研，特别是领导干部的调研，大多成了“走秀”“会演”：去的点，都是“先进典型”；选的人，个个“如数家珍”；说的话，成绩浓墨重彩，“不足”轻描淡写；写报道，领导“充分肯定”，基层“深受鼓舞”。

这种脱离了实事求是基本原则的倾向，带来了恶劣的后果：

一是蒙蔽了调研者。调研的意义，在于了解真实情况，特别是存在的问题，在于“了解基层群众所思、所想、所盼”。但在“成绩会演”式的调研中，调研者听到的只是按照“报喜”标准加工过，往往是美

① 中央指导组对武汉抗疫调研中群众的抱怨提出改进要求，也提示了调查研究本身需要改进。本文刊登于 2020 年 3 月 9 日财新网。

化后的信息。看到的青山可能是油漆，交谈的群众经常是演员。在这种“虚拟场景”中，习总书记提出的调查研究的五个效果——了解情况、联系群众、推动工作、自我学习提高、科学决策，就都成了纯粹的“形式”。

二是拖累了汇报者。为了应付这种“会演”式调研，本已负担重重的地方、基层又要额外准备“剧本”“演员”“道具”，及为达到万无一失的“排练”，不堪其重；某些领导的调研，往往还要布置超标的安保措施，正常的工作、生产或学习秩序受到严重干扰；一些“先进典型”，更是长年累月地疲于应付，笔者就在某次调研中听到“几乎天天都有，压力太大”的抱怨。

三是腐蚀了政治生态。在这种“走秀”“会演”式调研中，调研者清楚有假，却要装作信以为真；汇报者一边隐瞒，同时要显得问心无愧。一旦层级变换，调研者成了汇报者，汇报者成了调研者，套路也都驾轻就熟。而“调研”“汇报”是我们国家政治生活中仪式感很强、参与者众多而且频度很高的大事，其间的心态、规则等必然蔓延到其他环节，“村骗乡，乡骗县，一直骗到国务院”是极端的写照。

四是损害了党的形象。作为光荣传统的调查研究，一直是党的形象标签。建党初期，毛泽东同志就要求“我们部队除了打仗，还要做群众工作，这就必须搞好社会调查”。习近平总书记也指出，调查研究是“真正保持党同人民群众的密切联系”的传家宝。但是，“走秀”“会演”式的调研、考察等，却从根本上损害着党和人民群众的血肉联系，损害着党和政府的形象。调侃此类的段子不绝于耳，武汉市民的高呼则是群众不满的集中爆发。

既无实际效果，又对调研者、汇报者都不利，还违背党的优良传统、违抗中央的三令五申，那这类“调研”的根源何在？毛泽东同志早有精辟总结：“群众不讲真话，不怪群众，只怪自己。”只有从指导思想、绩效理念、调研制度、过程管控等着手，才能正本清源，回归调研的初心。具体建议如下：

一、明确指导思想。习近平总书记2011年11月在中央党校《谈谈调查研究》的重要讲话，首次提出调查研究“关系党和人民事业得失成败”，对调查研究的意义、作用、方法、效果等都做了完整、系统的阐述，应作为指导调查研究的纲领性文件组织全党认真学习、切实遵循。习总书记在这篇讲话中批评“有的调研走过场，只看‘盆景式’典型”，“报喜不报忧”，这是某些地方、部门的痼疾。在当前必须强调：调研、考察，更多地不是“选美”，而是“体检”甚或“看病”。

二、优化绩效理念。无论制定对自己的预期、布置对下级的要求，还是设计考核体系、衡量考察对象，都应清醒认识到：干部的时间、精力和可调动的资源都是有限的，存在着各种内部、外部的约束条件，因此，工作目标、质量要求都不应是无限的，那种“最短时间、最低成本、最好效果、最少副作用”的考核体系和衡量标准，那种不允许出一点差错、动辄得咎的问责方法，都背离了实事求是的基本原则。具体到调研对象，先进典型也会有瑕疵，问题典型更难免错漏，这本来就是调研、考察应该发现、解决的问题，而绝不是基层必须瞒着掖着、上级应该装作不知的“秘密”。只有优化了绩效理念和考核、问责体系，才能从根本上纠正“走秀”“会演”。

三、完善调研制度，制定对调研对象、成员、方式等的具体规定。

调研对象：“既要到工作局面好和先进的地方去总结经验，又要到困难较多、情况复杂、矛盾尖锐的地方去研究问题”，在每次调研中，都须有相当比例的后面一类对象。

调研成员：“不搞层层陪同”，特别是对领导同志的调研，应严格控制纯粹陪同人员的比例。

调研方式：在“规定路线”之外，每次调研都要有一定比例的“自选动作”，即“不打招呼、不做安排的随机性调研”。

调研纪律：除统一规定的安保要求外，不准在正常工作、生产之外进行任何装点粉饰；严禁在汇报中提供虚假信息；严禁由他人“扮演”现场工作人员；“轻车简从，不扰民，不组织群众迎送”。

四、加强过程管控。由纪检监察部门对调研过程进行事中、事后的检查，对于不符调研制度的予以批评、纠正，对于违反调研纪律的予以追责、处理，用惩治享乐主义和奢靡之风的力度惩治官僚主义、形式主义。

调研、汇报中的弄虚作假，是官僚主义、形式主义的突出表现，基层苦此久矣，群众恨此久矣！今年央视春晚吐槽此类现象的小品《走过场》成为最受好评的节目，充分说明刹住这股不正之风、让考察调研回归本色是党心、民心所向，完全可以成为反对、纠正官僚主义、形式主义的一个突破口。让我们共同努力。

运用信息技术创新治理机制，提升治理能力①

2020 年 5 月 18 日

习近平总书记在对党的十九届四中全会《决定》进行说明时强调指出：各地建议“更加重视运用人工智能、互联网、大数据等现代信息技术手段提升治理能力和治理现代化水平”，全会《决定》中对此做出了明确规定。中央政治局特地选在“程序员节”的 10 月 24 日组织以区块链应用技术为主要内容的集体学习，习总书记发表了重要讲话，充分体现了党中央对信息科技应用的前瞻和重视。在抗击新冠肺炎疫情的战斗中，以大数据、人工智能为代表的信息技术得到了大量的运用。习总书记主持的“17 万人”大会，就是利用网络视频会议技术，实现社会治理架构“扁平化”的典型案例：全国各地的党员干部，史无前例地在同一时间实时聆听到党中央的声音。

无论是应对公共突发事件，还是推动治理能力现代化，都需要把分散的人员、资源、信息实时地联通、调用、互动，都需要减少乃至消除信息不对称，保证信息真实可靠，都需要基于透明、统一的规则对信息进行比较、判断、选择，互联网、大数据、人工智能等技术为此提供了强大的手段。但是，这些手段要发挥最大、最优的效用，在很大程度上依赖于对原有机制、模式的创新甚至颠覆，信息化应用效果较好的有关

---

① 中央要求利用信息技术提升治理能力和水平，但应以人民群众的获得感、幸福感、安全感为目标。本文为在中共珠海市委网络安全和信息化委员会专家咨询委员会成立暨珠海市推进网络强市建设专家咨询会议上提出的建议。

行业，如电商、支付、出行等等，已经提供了众多的样本。

在国家治理领域，信息技术的运用同样不能被简单地定义为只是原有机制、模式和方法的“强化”“细化”，不能被简单看成“维稳的新手段”。必须认识到：现代信息技术的特性，如开放、多元、扁平、分布、客观等等，与人民美好生活需求中的社会性部分，与国家治理体系、治理能力的现代化方向，是高度一致的。因此，应创新管理理念和管理模式，充分利用信息技术去解决那些传统方式下较难解决的深层次难题，提升治理能力和水平。试举几例：

一、辅助决策。地方政府的大部分日常审批工作，就是对照相应法规对申请者按规定格式提交的信息加以评判。如果设计人工智能的“审批助手”，深度学习、掌握相关法规，并逐步提高申请信息的数字化程度，从而由“审批助手”循序渐进、高效优质地代替越来越多的日常甄别、审批工作，不但能大大提高效率、“精兵简政”，更能保证公正。进一步，可以设计“人工智能决策助理”，像给阿尔法狗“喂棋谱”那样把党的章程、理论、政策，与决策相关的宪法、法律、法规，处理历史案例的经验和教训等等，都“喂”给它学习；把从多源的社会数据抽取、分析得到的“社情民意”“最大共识”让它了解；让它成为一个“不断学习、时刻更新、无一遗漏、永不疲倦、高度稳定”的决策助理。在各级党委和政府进行决策时，同时把与决策相关的各种事项详尽、精确地向它描述，“请”它给出决策建议及其依据和后果。它的建议、依据和分析，决策者采纳与否的决定及其依据，决策实施的结果，都以适当的形式公布并存档，并成为决策助理新的“营养”。这样，就能把高效决策和超强执行的显著优势与大数据、人工智能等先进技术相结合，既能保证“集中力量办大事”，又能实现必要的制约和制衡，进一步发挥制度效能。

二、广集民意。改革、发展的深入必然伴随经济结构多元、社会阶层多样、利益诉求复杂，倾听、收集各个阶层人民群众的意愿成为治理刚需。习总书记反复强调“涉及一部分群众利益、特定群众利益的事情，要在这部分群众中广泛商量”，对征集民意提出了更高、更明确的要求。实名制后的移动互联网，为广泛征集民意提供了技术上的可行性。可以按照预设的分类把要商量的内容精准发放到涉及群众的手机上；参加商量的群众可以用手机发表意见、参加表决，不需要现场，不需要同时；可以由后台程序对群众发表的意见分类汇总、统计分析，必要时再度征求意见，做到“无一遗漏”；可以通过手机对商量结果的实施进行跟踪；等等。通过移动互联网，社会调查的样本量级可以从千人猛增到百万人、千万人，耗时也可以从几个月缩短为几天、几小时，逐步达到政民之间的实时互动。

三、传递信任。人民群众对党和政府高度信任，但也存在着局部的某些政务数据被误读、引起争议的情况：公布一段视频，会有人质疑“动过手脚”；明确“临时工”身份，也会招来“顶包”的吐槽。习总书记在中央政治局区块链集体学习会上要求：“探索利用区块链数据共享模式，实现政务数据跨部门、跨区域共同维护和利用。”建议按照这一要求，把易被误读的政务数据“上链”：政府部门存放这些数据本身，而把这些数据的“数字指纹”存放在经过认证的“第三方”，政务数据的真实、可信，可以通过第三方所存放的“数字指纹”来验证、保证，用技术手段杜绝了责难，确保和传递了信任。谁来做“第三方”？习总书记在论及网络空间治理“多方参与”时列举的“互联网企业、技术社群、民间机构、公民个人”等都可以。

四、信息对称。一些重要领域的改革都对信息对称提出了较高的要求。例如，国企改革的重要目标是建立和完善“委托代理机制”，而委托代理机制的困境之一在于信息不对称，无论是授权、考核、监督、激励和约束，都需要充分、完备的信息。随着国企信息化程度的提高，企业内部的信息透明、统一、实时已经得到保证，只要充分利用区块链等可信技术，设计有效的外部监管接口，在适当的分布式机制下把企业数据的“数字指纹”存放在监管部门，通过可验证的“不可篡改性”来保证其可信度，就可以保证股东和公司、监管层和企业之间的信息对称，大大推进改革进度。其他如自然垄断等行业的改革也都可以依照这个思路。

五、优化考核。如果把党政干部比喻为运动员，对他们的训练、选拔、裁判基本都是人工过程，信息技术发挥的作用非常有限。在考核体系的这种“主观性”下，对上级负责和对群众负责，“琢磨人”和“琢磨事”，必要的形式和形式主义，勇于担当和“不求有功，但求无过”，坚持原则、加强管理和“老好人”，等等，都成了广大干部时刻面对但往往只能违心地“劣向选择”的难题。现代体育运动中，信息技术已经应用于训练、比赛等的全过程，运动员的前途和命运由教练员、裁判员主观因素决定的比例已经大大降低。同样，充分利用现代信息技术，干部的学习过程、工作状态、决策能力、社会效果等等，包括生理、心理的健康程度，也可以被自动记录、全面分析、客观评价。当然，这样的“干部画像”系统，比“运动员画像”系统的难度要大得多，但是，鉴于干部队伍的健康、活力对于国家治理体系的极端重要性，只要能从原理上保证对他们考核的客观、公正，值得党和政府花任何代价去设计、实现。

现代科学技术，特别是信息技术，正在潜移默化、顺理成章、势不可当地推动着社会的变革和进步。习近平总书记在全国网络安全和信息化工作会议上明确要求：“网信事业发展必须贯彻以人民为中心的发展思想，把增进人民福祉作为信息化发展的出发点和落脚点，让人民群众在信息化发展中有更多获得感、幸福感、安全感。”只要始终遵循“人民主体”的原则，我们一定能让互联网、人工智能、大数据等信息技术在提高国家治理体系和治理能力的现代化事业中发挥越来越大、越来越好的作用。

在旺苍“九三同心树人助学基金”设立仪式上的讲话[①]

2020 年 6 月 11 日

这两天的所见所闻对我和小黄的触动非常大。社中央领导每年亲临广元，社中央、社省委精心指导，广元、旺苍党委、政府精密部署，广元九三的社员、社中央挂职的同志倾注大量心血，做了这么多细致深入的基础工作，访谈、统计、跟踪，落实真正需要帮助的学生，默默无闻，我们真的只是最后的抬手之劳，坐享其成。所以，真正应该感谢的，是九三、广元为九广合作奋斗了三十多年的同志们。谢谢大家！

习总书记指出：“扶贫必扶智。让贫困地区的孩子们接受良好教育，是扶贫开发的重要任务，也是阻断贫困代际传递的重要途径。”九三中央按照总书记的这个要求，一直号召我们在智力扶贫上尽力。同心树人助学金，始于三年前的特殊教育学校，今年是又一个三年的开始。不管几年，只要还有贫困学生需要帮助，我们就要一直做下去。感谢九三和旺苍同志积累的经验，社中央决定把这种形式复制到贵州威宁，又给我们提供了新的机遇，我们一定加倍珍惜、加倍努力！

为助学金捐款的是“广东省依依关爱儿童基金会”，这是2011 年温州动车事故中，我为了颂扬坚持“救人第一”的特警队长、帮助最后

① “同心树人助学基金”是九三学社中央倡导设立的。讲话中“小黄”是我的妻子黄丹丽，她是基金会的理事长，也是广东省作家协会会员。

获救的小伊伊而设立的。小黄作为理事长，昨天去了特殊教育学校。学校精心安排，让三年前跟我同框的孩子和她合了影。三年了，在家长们的百般呵护和老师们的精心教育下，沐浴着党、政府和制度的阳光，孩子们长大了。比较着一张张天真、健康的笑脸，我俩都很激动。这真是商业上的成功、创作上的收获所无法比拟的。

我一直觉得，我们这些做企业的人如果说有一点价值，应该体现在纳税数额、就业规模上，更应该体现在投身公益、捐献爱心上，这比任何排行榜都重要。今天上午扶贫迁移点的墙上写着“滴水之恩，当涌泉相报”，作为企业从业者，我们从改革开放中收获的何止“滴水”？我们理应回报社会。小平同志当年“让一部分人先富起来”时，就有“带动后富，共同富裕”的要求，我们理应富而思源、富而思报。新冠疫情之下，向善一定会越来越成为社会的共同选择。全力地发展公司，全情地投入公益，全心地帮助他人，是我们的本分，也是我们的福报。

谢谢大家！

以“混改”为契机，实现国资保护和监管常态化[①]

2020 年 7 月 3 日

6 月 30 日，中央全面深化改革委员会第十四次会议审议通过了《国企改革三年行动方案（2020—2022 年）》。此前国资委负责人介绍方案时强调：“要积极稳妥分层分类深化混合所有制改革，特别是要推动混合所有制企业深度转化经营机制。”中共中央、国务院 5 月份下发的《关于新时代加快完善社会主义市场经济体制的意见》中也明确要求：“对混合所有制企业，探索建立有别于国有独资、全资公司的治理机制和监管制度。对国有资本不再绝对控股的混合所有制企业，探索实施更加灵活高效的监管制度。”建议用“增量改革”的思路，以“混合所有制”企业为突破口，探索常态化的国资保护理念和监管制度。

中国对国有资产保护和监管的规范化始于 20 世纪 90 年代末期。改革开放推动国有企业走向市场，但是，由于国有资产出资人的权力和职责分散在国资局、财政部、大型企业工委、经贸委、计委、中组部、行业主管部局等多个部门，缺乏严格的标准和流程，加上审计、纪检外部监管机制尚未建立，以致各级国企在设立集体所有制企业、企业改制、

① 中央把“混改”作为国企改革的突破口，我建议以此为契机，把国资保护的对象从具体的“资产”到“产权”，力度从“高压”到“常态”。本文刊登于 2020 年 7 月 3 日财新网。

国有资产转让、对外投资等过程中出现了较为严重的资产流失、流损。因此，中共中央、国务院陆续出台了《国有企业财产监督管理条例》等政策法规，对国企的监管体制也经历了从国有资产管理局，到“稽查特派员”，再到“授权经营”等阶段。

2003 年，国务院国有资产监督管理委员会正式成立，结束了对国有企业监督管理“五龙治水”的局面。国务院国资委出台了一系列的监管制度，极大提高了对国有资产的监管和保护力度。国家还在修订刑法时增加了“私分或低价出售国资”“签订合同被骗”“不负责任造成企业损失”“隐瞒境外存款”等主体为国企高管的专用罪名，震慑力度空前。

经过近二十年的努力，各级国资委对国有资产的监督和管理效果不断巩固，审计、巡视、监事会、纪监委等外部监督机制的常态化和制度化更使得任何对国有资产的损害都成了“高危行为”。从国企内部，到相关合作方，乃至社会各界，对于国有资产普遍敬畏。如果说国企改革初期的国有资产是某种意义上的“唐僧肉”，现在则已成为人所共知的“高压线”。

对国有资产监管和保护的高压态势，也在客观上带来了一些副作用：

对国企的额外限制。习近平总书记强调“人才是创新的第一要素”，国企创新必须对科技人员进行有效的激励。但由于激励需要由“国有资产”支付对价，国资监管部门从“保护”出发，就在正常的激励规则以外再施加特别限制。如上市公司股权激励是对企业创新骨干的有效激励手段，其收益取决于公司业绩、股价，当然应该不兜底也不封顶，证监会有一整套规范要求。但国资监管部门对国有控股上市公司额外增加了“封顶”的规定：要求股权激励收益不能超过正常薪酬的 40%，这样就偏离了股权激励的机制。又如国家为了鼓励国有科研院所、高等院校科研人员创新，出台了职务科技成果可以由科研人员自行转化、享受转化收益的政策，但对国有科技型企业的科技人员却在同一法规中做出了完全相反的禁止性规定。等等。

对国资的超常评价。国有资产需要增值，必须对其经营或投资。任何经营和投资过程都会有风险，而监管理念要求“不容有失”，因此，监管部门对于国有企业经营、投资规定需要“终身问责”的情形多达70余种。在监管实务中，凡是投资出现损失都要被调查、被追责，凡是经营出现亏损都要向最上一级国资监管部门反复说明。以致在某些民营企业被国企控股后，被要求任何一个子公司、任何一个月份都不能出现亏损，不论子公司处于什么发展阶段，无视公司经营实际。

过严的监管取向。监管理念和实务互为因果，持续、自动、自上而下地强化着监管取向。有一个调研报告这样描述基层的感受：“各级国资监管部门对于国务院国资委制定的相关改革措施，其中关于监管、审批的部分，层层加码；对于创新、改革的部分，层层瘦身。导致国有企业和企业领导在看到中央文件时充满激情，但实际创新和工作推进时却是障碍重重。”在这种“宁枉勿纵”的准则之下，如果要在国有企业阻止解决历史问题、抵制改革步骤、反对创新举措，“国有资产流失”的帽子是必杀绝技。就连银监会原主席提及自己的国企经历时都感慨：“把一些自己管不好的‘坏资产’‘烂资产’也抓在手上不敢卖，不敢盘活，一盘活就害怕别人告状说这是‘国有资产流失’。这个帽子可不小。”

对国有资产保护的特殊化，在司法实践中体现得最为集中、鲜明。由于我国刑法为国有企业管理人员单独定制了五条罪名，又规定国有公司的管理人员包括外派人员“以国家工作人员论”，这样，同一个行为人、在同一个企业的同一行为，因行为人身份的不同（是否国家工作人员）或企业性质的不同（是否国有企业），能导致罪或非罪、重罪或轻罪的天壤之别。因此，司法实践中关于某一嫌疑人到底是不是“国家工作人员”、某一企业到底是不是“国有企业”、能不能以有关罪名处罚的各种辨析、论证争讼纷起，成了法律界的“现象级”辩题。全国人大和“两高”就“国家工作人员”“国家机关工作人员”的“身份”问题陆续颁布的立法、司法解释及批复达几十件，规模空前。

必须肯定：在国企改革的初期，对国有资产保护的高压态势是必要的，也是有效的，某些副作用是应该支付的代价。但随着改革开放的深入，一方面，对国有企业的监管体制、对国有资产的保护机制健全、完善，国有资产已经不具备特别的“易侵犯性”；另一方面，国有企业的股东结构、管理人员组成日益多元，越来越难以用单一的“国有身份”界定。正如中共十八届三中全会所判断：“国有企业总体上已经同市场经济相融合，必须适应市场化、国际化新形势。”如果不对监管理念和保护力度进行与时俱进的完善，不但会从机制上束缚国企创新、发展的活力和动力，也会严重阻碍国企的市场化、国际化进程。

“增量改革”是中国改革开放的顶层智慧和成功经验。“混改”就是国企改革的增量。以“混改”为契机，探索常态化的国资保护理念和监管制度恰逢其时。具体建议如下：

一、完善监管和保护理念。中共十八大以来，中央反复强调“公有制经济财产权不可侵犯，非公有制经济财产权同样不可侵犯”，“国家保护各种所有制经济产权和合法利益，保证各种所有制经济依法平等使用生产要素、公开公平公正参与市场竞争、同等受到法律保护，依法监管各种所有制经济”。中央的这种同等保护、同等监管的明确要求，也已经体现在《物权法》及新颁布的《民法典》等法律法规。这是对国资保护、监管常态化的理论和法律基础。

二、清理法规政策。对于那些在正常的监管要求以外、再根据国企的所有制性质额外制定的限制性规定，应在混合所有制企业暂停实施。如对国有控股上市公司股权激励的“封顶”规定，对国有企业科技人员职务发明成果共享的禁止性规定，等等。让混改企业的管理人员、科技人员能像在其他企业一样发挥主体作用。

三、简化审批程序。出于对国有资产的“特别保护”，国有企业的很多事项被设置了烦琐的审批程序，最终都要由国资委决定。对混合所有制企业应予以简化：可以按照公司的“规模比例”，如一个混合所有制公司 1 亿元的资产重组事项，到资产总额 100 亿的上级公司就可以审批；或者对审批层级封顶。

四、实事求是评价。明确规定：混合所有制企业对经营管理或对外投资的评价标准和评价程序应由股东会、董事会确定，评价结果不和国有股东挂钩，不实行国资委对国有企业的追责事项和追责程序。

五、刑法中为国企管理人员定制的条款，以及国企管理人员“以国家工作人员论”而连带的其他罪名，是企业管理人员最为顾虑的“高压线”，也是不少民营企业家不敢参加国企混改，或参加后只愿意做股东而不敢介入管理的真正原因。应由最高人民法院、最高人民检察院、国资委联合做出明确规定：混合所有制企业不属于刑法中所称的“国有企业”，混合所有制企业管理人员不能“以国家工作人员论”。只有这样，才能消除“混改”企业家的后顾之忧。

对国资保护、监管的常态化，从根本上说就是回归产权保护。习近平总书记明确要求：“必须加强产权保护，健全现代产权制度，加强对国有资产所有权、经营权、企业法人财产权保护，加强对非公有制经济产权保护，加强知识产权保护，增强人民群众财产安全感。”这是对国资保护的根本遵循。如果说国资监管理念正在“从管资产到管资本”，国资保护理念也应“从保护资产到保护产权”。国家应该做的，是加强对所有产权一视同仁予以保护的规则和环境；对于具体公司、资产的保值、增值，由公司的“三会”特别是股东会负责实施、评价；对于任何侵犯公司财产的行为，由法律统一约束、惩处，与所有制类型无关。以混合所有制企业为突破口，实现对国资监管、保护的常态化，为整体的国企改革积累经验，国有经济的竞争力、创新力、控制力、影响力和抗风险能力一定能大大增强。

《民法典》对基本经济制度规定的重大完善[①]

2020年7月6日

5月29日，《民法典》颁布的第二天，中央政治局就举行了专题的“集体学习”。习近平总书记在讲话中明确要求：“要讲清楚，实施好《民法典》是发展社会主义市场经济、巩固社会主义基本经济制度的必然要求。”相比于原《物权法》，《民法典》在对社会主义基本经济制度的规定部分删去了“社会主义初级阶段”的时间限制。在第二编“物权”部分的第二百零六条规定：“国家坚持和完善公有制为主体、多种所有制经济共同发展，按劳分配为主体、多种分配方式并存，社会主义市场经济体制等社会主义基本经济制度。”

关于基本经济制度的条款，是20世纪90年代初增加到相关法律中的。在当时的历史背景下，为了和单一公有制的原有内容有所区别，对基本经济制度加了一个时间限制，表述为：“国家在社会主义初级阶段，坚持公有制为主体、多种所有制经济共同发展的基本经济制度，坚持按劳分配为主体、多种分配方式并存的分配制度。”

但是，随着我国改革开放的进程，基本经济制度在理论、实践的各个方面都有了丰富、发展，相关表述应予完善：

---

① 《民法典》颁布后，有领导告诉我其中的物权部分取消了对基本经济制度的“初级阶段”的时间限制，因为他知道主要是我在一直提这个建议。本文发表在2020年7月6日财新网。

一、理论发展。按照中共十五大的相关定义，中国特色社会主义分为“初级阶段”以及“巩固和发展阶段”。其后中共历次代表大会文件、领导人讲话，一律明确无误地把“公有制为主体、多种所有制经济共同发展”的基本经济制度确定为整个“中国特色社会主义的经济制度”，而不仅仅限于初级阶段。

二、法律自洽。宪法对于市场经济、非公经济、私有财产等有着明确规定。如第十五条“国家实行社会主义市场经济”，而市场经济不可能在单一公有制下实现；第十一条“国家保护个体经济、私营经济等非公有制经济的合法的权利和利益。国家鼓励、支持和引导非公有制经济的发展”；第十三条“公民的合法的私有财产不受侵犯”“国家依照法律规定保护公民的私有财产权和继承权”。这些条文都没有“初级阶段”的时间限制。

三、社会现实。四十余年的改革开放，最主要的制度性变革就是“公有制为主体、多种所有制经济共同发展的基本经济制度”和“按劳分配为主体、多种分配方式并存的分配制度”。非公经济已经是我国国民经济的半壁江山，非公有制人士和新的社会阶层人士也已经是我国社会的重要力量。如果在社会主义初级阶段之后再回到单一公有制、单一的按劳分配，严重的社会分裂和动荡将不可避免。

四、时间节点。按照中国特色社会主义理论，初级阶段的主要特征是“经济文化不发达”，而到建国一百周年，我国将建成社会主义现代化强国，以“不发达”为特征的初级阶段将被跨越。按照中共十三大报告的定义，初级阶段的终点是社会主义改造基本完成以后一百年，即2056年。从这两个角度，“初级阶段”都将在本世纪中叶被跨越，距今还有三十多年。

2007年颁布的《物权法》，在第三条“对基本经济制度的规定”中，还是沿用了原有的提法：“国家在社会主义初级阶段，坚持公有制为主体、多种所有制经济共同发展的基本经济制度。”但是，初级阶段之后怎么办？对三十多年后基本经济制度的预期，将从根本上影响公民对资产的代际传承、长远安排。必须避免误读，给全国人民以明确的预期。

2018 年 11 月，习近平总书记在民营企业座谈会上强调：“党的十八大以来，我多次重申坚持基本经济制度，坚持‘两个毫不动摇’。”再次重申：“公有制为主体、多种所有制经济共同发展的基本经济制度，是中国特色社会主义制度的重要组成部分，也是完善社会主义市场经济体制的必然要求。”反复强调：“我们党在坚持基本经济制度上的观点是明确的、一贯的，而且是不断深化的，从来没有动摇。中国共产党党章都写明了这一点，这是不会变的，也是不能变的。”

党的十九届四中全会，首次把社会主义基本经济制度扩展到“公有制为主体、多种所有制经济共同发展，按劳分配为主体、多种分配方式并存，社会主义市场经济体制”。今年 5 月中共中央国务院《关于新时代加快完善社会主义市场经济体制的意见》进一步明确了“坚持和完善社会主义基本经济制度”的一系列具体举措。而作为“新时代我国社会主义法治建设的重大成果”的《民法典》的明确规定，更从法律上消除了对“社会主义基本经济制度”认识的不确定性，进一步明确了社会主义市场经济的改革方向，必将成为我国改革开放和法治建设历史上的里程碑。我们一定要按照习近平总书记和党中央的要求，加强普法、完善立法、严格司法，“充分认识颁布实施民法典的重大意义，推动民法典实施，以更好推进全面依法治国、建设社会主义法治国家，更好保障人民权益”。

“竞争中性，平等保护”是激发市场主体活力之本①

2020年7月22日

7月21日下午，习近平总书记主持召开企业家座谈会，国有企业、民营企业、外资企业、港澳台资企业、个体工商户代表一起参加，发言代表也覆盖了各类所有制企业，这是史无前例的，鲜明体现了对各类市场主体“竞争中性，平等保护”的理念。

中共十五大确定中国特色社会主义基本经济制度之后，“竞争中性”的理念一以贯之。中共十八大明确要求“毫不动摇鼓励、支持、引导非公有制经济发展，保证各种所有制经济依法平等使用生产要素、公平参与市场竞争、同等受到法律保护”；十八届三中全会进一步提出“公有制经济财产权不可侵犯，非公有制经济财产权同样不可侵犯”，“国家保护各种所有制经济产权和合法利益”，“坚持权利平等、机会平等、规则平等，废除对非公有制经济各种形式的不合理规定，消除各种隐性壁垒”，“激发非公有制经济活力和创造力”；十八届四中全会提出要“健全以公平为核心原则的产权保护制度，加强对各种所有制经济组织和自然人财产权的保护，清理有违公平的法律法规条款”；十九大把“两个毫不动摇”写入新时代坚持和发展中国特色社会主义的基本方

① “企业家座谈会”的与会者囊括了全部所有制类型，这充分体现了“所有制中性”。本文发表在2020年7月22日财新网。

略；十九届四中全会进一步把“各种所有制主体依法平等使用资源要素、公开公平公正参与竞争、同等受到法律保护的市场环境”作为基本经济制度的建设目标。

7 月 21 日的企业家座谈会上，习近平总书记反复强调：“依法平等保护国有、民营、外资等各种所有制企业产权和自主经营权，完善各类市场主体公平竞争的法治环境。”“对在中国注册的企业要一视同仁，完善公平竞争环境。”一而再，再而三，通过平等保护，激发市场主体活力的良苦用心跃然而出。

激发民营企业的市场主体活力，是中央强调社会主义基本经济制度的重点。2016 年 3 月，习近平总书记在全国政协联组会上的重要讲话，专题就是坚持基本经济制度和推动民营经济发展：“我们党在坚持基本经济制度上的观点是明确的、一贯的，而且是不断深化的，从来没有动摇。中国共产党党章都写明了这一点，这是不会变的，也是不能变的”，“我在这里重申，非公有制经济在我国经济社会发展中的地位和作用没有变，我们毫不动摇鼓励、支持、引导非公有制经济发展的方针政策没有变，我们致力于为非公有制经济发展营造良好环境和提供更多机会的方针政策没有变。”2018 年 11 月，习总书记亲自主持召开民营企业座谈会，重申各种理念、政策之外，更强调“民营企业和民营企业家是我们自己人”，这是给民营企业家的“定心丸”，更是给广大党政干部公平对待民营企业的执政行为的“定心丸”。

激发国有企业的市场主体活力，是国资、国企改革的根本目标。中央强调要以混合所有制改革作为突破口，中共中央、国务院 5 月份下发的《关于新时代加快完善社会主义市场经济体制的意见》中明确要求：“对混合所有制企业，探索建立有别于国有独资、全资公司的治理机制和监管制度。对国有资本不再绝对控股的混合所有制企业，探索实施更加灵活高效的监管制度。”6 月 30 日，中央深改委审议通过了《国企改革三年行动方案（2020—2022 年）》，国资委负责人介绍方案时强调：“要积极稳妥分层分类深化混合所有制改革，特别是要推动混合所有制企业深度转化经营机制。”

我们要深刻理解中央的战略意图。混改意味着引入外部股东，而一般意义上的公司引入外部股东要解决的不外乎资金、市场份额、技术等问题。但是，对大部分国企，特别是掌握国计民生命脉资源的央企，资金、市场份额、技术等都不是主要的问题。国企混改的根本目的，就是通过引入外部股东，特别是非公有制的股东，通过股东的多元化和相互制衡，解决国有企业的法人治理结构问题，建立和完善委托代理机制，推动国企职业经理人制度的建设，从而激发国企活力。

但是，虽然中央意图明确并三令五申，执行层面总存在这样那样的问题。对于民营企业，“三座大山”（市场的冰山、融资的高山、转型的火山）、“三扇门”（玻璃门、弹簧门、旋转门）一直挥之不去，社会上反复出现“民营经济离场”等论调，企业家安全感迟迟不能落地，这也是习总书记在政协联组会专门强调“毫不动摇鼓励、支持、引导非公有制经济”后不到两年又亲自主持座谈会，再次喊话民营企业家是“自己人”的背景。

对于国有企业，体制、机制导致的活力缺失、动力不足一直困扰着企业发展，“干多干少一个样”“做一天和尚撞一天钟”“身在曹营心在汉”等现象时有出现，以致中央高层要用“伤其十指不如断其一指”来突出强调“混合所有制改革”的迫切性和重要性。

这些现象的原因，主要就是由于企业的“所有制标签”：既然有着“国企”“民企”的分类，那么，产权保护、市场监管、资源配置等的优先级就会“惯性难免”，“分类施策”“看人下菜”是逻辑结果。因此，应该按照中央倡导的“竞争中性”的理念，逐步淡化、消除市场竞争领域的企业的所有制分类。

中国对企业按照所有制进行的分类管理有着历史的必要性。但随着经济社会的快速发展，这种分类管理已经不再具备必要性，也逐渐失去可行性：

先看必要性。改革开放初期，连雇工人数超过几个就要算“剥削”

都是热点，自然需要从保护力度、准入范围、监管方法等各方面区别所有制从而“分类施策”。随着中国特色社会主义基本经济制度的确立和完善，对不同所有制“一视同仁”已成为共识。按照中央的明确要求，对不同所有制的保护、监管、准入都是同等的，权利、机会、规则等都是公平的，那么，对企业按照所有制分类就失去了必要性。

再看可行性。改革开放初期，从个体工商户发展到私营企业，投资主体的性质较为单一。时至今日，公司的投资主体越来越多元化，越来越多公司的股东中，既有个人股东，也有公司股东，公司股东的股东同样可能兼有国有、非国有、外资等成分。很多公司包括上市公司，已经出现了再怎么追根溯源也无法确定控股股东或实际控制人、无法用所有制分类的情形。近年来，中央又把“混合所有制改革”作为国企改革的突破口，国有企业的股东也将越来越多元化。在这种情况下，公司越来越无法按单一的“国有”或“民营”的所有制进行分类。已经是好几代的混血了，一定要讲血统，也只能是“混血”。

中国的法律法规（包括《公司法》《民法典》等）都已经不再对企业按所有制分类。建议从党的文件、政策规章、宣传报道、统计汇总等各个方面，逐渐淡化、逐步取消对企业的所有制分类，以及纠正与“分类”“标签”有关的“歧视”。除了中央明确要求的各项举措以外，还有以下几点值得关注：

对于民营企业：一是要清理各种“内部清单”。例如要求银行提供并逐一说明的“贷款客户中民营企业的清单”，要求国企提供并逐一说明的“供应商中民营企业的清单”，见之者难免对支持、帮助民营企业心生畏惧。应按照习总书记“对支持民营企业的工作开展专项督察”的要求进行清查、取消，并明确在今后工作中不再提出任何带有所有制歧视的显性或隐性工作要求。二是要纠正宣传报道中的所有制渲染，按照习总书记“加强舆论引导，正确宣传党和国家大政方针，对一些错误说法要及时澄清”的要求，由宣传部门颁发规定，明确要求在案件、事故、突发事件等报道中不得渲染企业所有制，不得出现对某一类企业家群体的不实形容词，把“私营企业主利欲熏心”等列为禁语、敏感词等。三是要纠正任意损害企业家人身和财产安全的行为。不因历史上的不规范行为而影响企业现实发展，不因企业所有者、经营者个人问题而危及企业本身，不因企业家违法甚至犯罪行为而影响其合法产权，继续甄别纠正侵害企业产权的冤假错案，以个案推动法治、重树信心。

对于国有企业：一是要常态化保护理念。如果说国企改革初期的国有资产是某种意义上的“唐僧肉”，现在则已成为人所共知的“高压线”，监管正在“从管资产到管资本”，保护也应“从保护资产到保护产权”，与对其他企业的保护力度一致。二是要清理法规政策。对于那些在正常的监管要求以外，再根据国企的“所有制标签”额外制定的限制性规定，应逐步暂停、取消。三是要简化审批程序。由于“所有制标签”，国有企业的很多事项被设置了烦琐的审批程序，应逐步予以简化，与其他企业趋同。四是完善法律规定。现行法律中按“所有制标签”为国企管理人员定制的各种罪名，既是对国企管理者的额外束缚，也是不少民营企业家不敢参加国企混改的真正原因，应通过法定程序予以豁免、完善，使对于侵犯公司财产行为的惩处标准与所有制类型无关。

习总书记在企业家座谈会上的讲话，还对广大企业家提出了五个方面的殷切希望。激发企业活力，说到底是要激发企业家的活力。企业自身的创新、发展，产品研制、市场开拓、全面服务、价值发现、风险管控等等，企业家一定会比任何外人、“专家”更操心、更专业、更有效，一定会在内在的驱动力之下，以超人的勇气、韧性、风险承受力去投入市场竞争，这是企业活力的主要来源。

同时，企业家对自己更要有恰当的定位。作为民营企业家，当年小平同志撕开“均贫”的铁幕鼓励我们先富起来，约定的前提是“共同富裕”；作为国企管理者，现代企业制度的建设让我们以相对较低的成本成为了“企业家”，但这只是让我们全力把属于全体人民的财富保管好、使用好、发展好的机制。习总书记指出：“企业既有经济责任、法律责任，也有社会责任、道德责任。”无论哪类企业、哪个企业家，都要清楚认识到企业的功能就是创造财富，而创造财富的目的，除了实现企业家个人的财务自由，在更大程度上是为了整个社会，为了全体社会成员的公平、幸福和自由。这是我们人生需求的更高层次，也是改革开放和基本经济制度的出发点，更是企业和企业家存在的价值。

与时俱进，完善“个人事项申报制度”[①]

2020年8月1日

现行的“干部个人事项申报制度”发挥了重要的作用。上级部门对个人申报的信息进行核查，对于漏报或瞒报的情形分别按性质予以处理，保证了干部对组织的忠诚，是“不敢腐”的重要防线。

随着整个社会信息化、数字化的进程，包括公职人员在内的社会成员的主要财产都已经记录在信息系统中。“个人事项申报制度”实施多年，申报者和核查者对信息系统数据的完整和共享程度都已经非常了解。在这种情况下，再由个人把明知在信息系统里已经完整记录的事项进行申报，已经基本上失去了“考验申报者是否忠诚”的意义，考验的主要是申报者对本人各项财产和投资事项记录的详细程度，是申报者对于家属、直系亲属的掌控程度等。类似于让每天打卡上下班的员工再去逐一申报本人和团队成员的“迟到”“早退”，偏离了制度设计的初衷。

如果个人事项申报制度不随着整个社会的信息化、数字化进程与时俱进地予以调整，至少会带来以下的副作用：

第一，干部需经常关注各种事无巨细的记录，难免挤占正常工作的时间、精力。

---

① 通过信息系统对公职人员的财产进行核查，是我在2013年以“名单管理”的名义提出的建议。随着社会数字化的进程，“个人事项申报制度”应与时俱进。本文为向九三学社中央报送的信息。

第二，如因记录不清、判断不准、日久遗忘、亲属之间没有及时告知等原因而导致个人事项“漏报”“瞒报”，并因此对当事人的任职、提拔造成影响，既误伤干部，更影响工作。

第三，如由于家属、亲属之间告知不及时或遗忘而导致漏报、造成后果，会程度不同地损害家庭关系、亲属关系，影响社会和谐。事实上，由于这一原因造成的夫妻反目、亲属失和等已时有所闻。

因此，建议对个人事项申报制度进行实事求是的完善：对于组织可以随时通过各类信息系统掌握的个人事项，无须再由个人申报；对于信息系统尚未记录，或尚未完整记录的事项，如是否有财产代持，是否有境外存款及资产，是否有需要回避的利益关系等等，必须如实完整申报。

习总书记党外人士座谈会讲话的学习体会[①]

2020年8月7日

非常感谢给我这个汇报的机会。我就学习总书记的讲话谈三点体会。

第一，总书记说这次疫情是一个严峻的考验。我觉得疫情让我们进一步看到了制度的优越性。我从事信息技术工作，举一个信息技术的例子。请大家想一想，从技术层面来说，国内抗疫这么成功，是什么技术起到了主要的作用？大家首先想到的肯定是医疗技术，但我觉得信息技术同样功不可没，医疗技术的作用依赖于信息技术的基础。为什么？因为这是一个公共卫生事件，在抗疫过程中，跟踪、溯源都是信息技术实现的。以北京的疫情为例，之所以能够快速控制住，就是从西城大爷的手机微信支付，查到他曾到过某一个摊位购买了牛羊肉，从而定位了疫情源头。信息技术精准地定位、跟踪，确定范围之后，医疗技术快速跟上，这是我们这次抗疫成功的技术原因。如果没有信息技术的支撑，不能有效地跟踪、定位，再好的医疗技术，效果也恐怕要大打折扣。

技术又依赖于制度和理念。我们中国的理念是：生命至上，人命关天，为了保证人民的生命安全，排除一切干扰，一切技术都用上。我们的健康码，实际上就是通过各个系统数据的共享，把所有的个人行踪、

---

① 2020年7月28日，习近平总书记在党外人士座谈会发表了重要讲话，这是我在广东省委统战部专题学习会的发言。

社会接触都反映出来。但是在美国就不行，美国做跟踪不能通过中央数据库，只能通过蓝牙技术、记录人与人之间的接触，一定很不完整。从这个层面看，技术一定要在制度的优势下才能发挥最大、最善的效用。这种制度的差异，我们大家都有深刻的体会。

第二，总书记强调要大力保护和激发市场主体的活力。在这次高层协商会议之前，总书记在 7 月 21 号开了一次企业家座谈会。我们知道，以前开过民营企业座谈会、国有企业座谈会、某一个行业的座谈会等等，但是，让国有企业、民营企业、外资企业、港澳台资企业和个体工商户这五类市场主体的代表在一起开会、发言，这是史无前例的，这鲜明体现了总书记和党中央倡导“竞争中性”“所有制中性”的理念。总书记在会上强调要切实保护国有企业和民营企业、外资企业等各类市场主体的产权和自主经营权，要对在中国境内注册的所有企业一视同仁。“春江水暖鸭先知”，广东首先感悟到了这个理念。在这之前，省委省政府召开了企业座谈会，我有幸参加并发言。李希书记在座谈会上讲：“我和兴瑞省长去企业调研，从来不会在意这个企业到底是国有还是民营，我们只看这个企业对经济社会所做的贡献。”这是更彻底的“所有制中性”。我个人一直关注这点。我始终觉得：有所有制分类，就一定会有所有制歧视。你把市场竞争领域的企业分成国有和民营，党政干部心目中的优先级是天然的，不会因为总书记讲了什么而改变。现在，中央强调“三个同等、三个公平”，保护、监管、准入同等，权利、机会、规则公平，就不需要分类了；而且，现在市场竞争领域的企业投资主体越来越多元，出现了越来越多的“无控股股东、无实际控股人企业”，也已经不能从股东去判断企业的所有制性质了。所以，应该逐步淡化、取消企业的所有制分类。

我们企业家，一定要深刻领会总书记和党中央的良苦用心。在疫情之后，我们一定要“育新机，开新局”。信息产业的“新机”和“新局”是比较好把握的，比如我们公司是信息产业，是可以在云上工作的，现在始终坚持“本地化方式下的远程工作”。我们的客户更加需要把线下的活动搬到线上。各个产业都要发掘机遇，充分地把市场主体的活力发挥出来，把自己的事情做好，这是我们国家经济社会“六稳六保”的基础。

第三，总书记对我们提出了三条要求，其中有一点是提出有见地、有价值的意见和建议。不知道大家是否注意到，昨天总书记对十四五规划的批示专门提到“要把强化顶层设计，坚持问计于民结合起来”。这句话不光是对十四五规划讲的，不光是对建言资政讲的，更是我们治国理政的一个根本方向。我们的制度优势是什么？大家讲得最多的是高效的决策机制、超强的执行能力、完善的顶层设计。这只是我们制度设计的一方面，我们的制度优势的另一方面是问计于民，问计于民就表示我们的所有治国理念的出发点是人民，受益者也是人民。我再举一个信息产业的例子：去年总书记在十九届四中全会上讲到，说要把互联网、人工智能、大数据技术用于社会治理。但有些人把这理解为“维稳有了新手段”，但总书记讲的是“网信事业的出发点和落脚点都必须是人民的福祉，必须把人民的获得感、幸福感、安全感作为宗旨”。所以，信息技术用于社会治理，必须有新的机制、新的理念。

我个人这几年有一些关于社会经济发展的建议被中央采纳。明年《民法典》要开始实施，《民法典》跟原来的法律有一个根本的不同。我一直建议多种所有制的法律规定前面“社会主义初级阶段”的时间限制要去掉，这次《民法典》的物权部分，把原物权法加的这个限制去掉了。这是对进一步改革开放的根本保障。总书记要求“提出有见地、有价值的意见”，所以，我们党外知识分子、新的社会阶层人士，建议必须是干货、有内容。我们要认识到，提建议这件事情，不光是为党和政府决策提供建议，更是在证明我们制度的优势，是在为制度增光添彩。

用良好的社会秩序来激发和引导社会活力①

2020 年 8 月 25 日

习近平总书记 8 月 24 日在经济社会领域专家座谈会上的讲话中指出:"一个现代化的社会，应该既充满活力又拥有良好秩序，呈现出活力和秩序有机统一。"这是实现国家治理体系和治理能力现代化的关键。

在活力和秩序的关系中，活力是秩序的基础和前提。以在抗疫中不断被科普的"免疫系统"为例：人体必须有免疫细胞，免疫细胞必须有足够的活力以清除细菌、病毒、癌细胞等体内异物，在这个基础上再设计免疫调节机制来进行适当的规范、调整。

同理，作为社会基本单元的社会成员必须有足够的活力和动力，以合成、推动社会的发育、发展，在这个基础上，才有社会团体、社会组织、政府等受社会成员委托的管理者，建立相应的协调、管理、治理机制，保证社会秩序。所以，离开了活力，秩序就失去了必要性，没有了目标，就是无源之水、无本之木。

既然活力是秩序的基础和前提，那么，激发、优化整体活力，就应该是设计秩序的唯一目的、衡量秩序的唯一标准。还以免疫系统为例，当免疫细胞活力不足时，需要"免疫刺激剂"的介入，以激活免疫细胞，提升免疫细胞的活力；当免疫细胞活力异常，可能损害机体正常组

① 秩序和活力的关系是永恒的主题、关键。本文刊登于 2020 年 8 月 25 日财新网。

织时，就需要免疫抑制剂的介入，以调节细胞活力水平，调整免疫机制的作用方向。无论如何调节、按哪种“秩序”调节，都是为了让免疫细胞的作用发挥得更好、更善。

同样，社会秩序的出发点和落脚点也应该是社会成员的活力。当社会成员活力不足时，社会秩序应该去激发、增强社会成员的活力；当某些成员活力作用的方向不符合全体成员共同利益时，秩序才可以去加以规范、调节。任何时候、任何情况下，秩序本身的“权威”、秩序制定者或实施者的诉求和利益，都不应该是衡量的指标。

社会系统和免疫系统之间有一个根本区别。在免疫系统中，细胞活力的意义是“功能性”的：失去了免疫功能，细胞本身就失去了意义；而秩序的建立是“外部性”的：由人类判断免疫系统的状态，从而决定施加刺激或抑制的干预，不需要考虑细胞个体的“权利”。

而在社会系统中，每个社会成员的存在意义，既在于他对社会整体的“功能”，更在于他的基本权利；而社会秩序的建立是“内生”的，即是由社会成员委托给社会管理者的，社会管理者并没有天然的“判断力”和“决定权”。因此，社会秩序的设计和建立相比免疫系统要复杂、困难得多：既要激发活力，又要保障权利；既要保证社会成员的共同利益，服从多数人的意见，又要防止“多数人的暴政”，倾听少数人的声音；即使某个社会成员活力不足，也必须用秩序保证其不受他人的损害；即使某种秩序从原理上是有利于社会整体活力的，但只要社会成员的多数不接受，管理者也只能做出必要的妥协；等等。这些，都是需要社会成员和社会管理者不断探索、创新、实践的。

中国的改革开放，就是一个社会活力不断迸发、社会秩序持续向善的伟大历史进程。正如习近平总书记总结的：“改革开放以来，我们及时总结新的生动实践，不断推进理论创新，在发展理念、所有制、分配体制、政府职能、市场机制、宏观调控、产业结构、企业治理结构、民生保障、社会治理等重大问题上提出了许多重要论断。”在这些论断的基础上创新和发展的中国特色社会主义制度，尊重、保障了人民的各项基本权利，让全体中国人民的生活激情、创业动力、表达愿望、参与热忱等各种活力竞相迸发，形成了推动中国经济社会取得举世瞩目成就的巨大合力。这是改革开放的顶层设计和成功经验，更是进一步改革开放的根本遵循。

随着经济要素、社会成分的越来越活跃、多元，面对互联网等新兴技术所带来的人类交往方式、社会观念、社会心理、社会行为的深刻变化，我们必须不忘改革开放的初心，在经济领域，用更好地发挥政府作用来保证市场在资源配置中能够起决定性作用；在社会领域，用良好的社会秩序来激发和引导社会活力；在法治领域，用党的领导来保证人民当家作主和依法治国。只有这样，我们才能在百年未遇之大变局中乘风破浪、把握新机、开创新局。

“人民主体”是改革开放的真谛[①]

2020年10月16日

习近平总书记在深圳经济特区建立四十周年庆祝大会上的讲话，除了宣示中国改革开放的方向和决心，还洋溢着真挚的人民情怀。他要求：“要从人民群众普遍关注、反映强烈、反复出现的问题出发，拿出更多改革创新举措。”“反复出现”一词，在评价惠民工作、体恤群众疾苦时当是首次出现，应该高度重视、深入分析、全力改进。

“反复出现”，反映出改革进入了深水区。正如习总书记所说：“改革又到了一个新的历史关头，很多都是前所未有的新问题，推进改革的复杂程度、敏感程度、艰巨程度不亚于四十年前。”四十多年的时间，好吃的肉都吃得差不多了，剩下的硬骨头，基本都是需要对传统观念和既得利益“壮士断腕”的难题。所以，有些问题，虽然朝野普遍关注、群众反映强烈，还是“反复出现”。

“反复出现”，凸显了发展遇到的实际困难。四十多年的发展，人口红利、环境红利、城镇化红利、全球化红利等等，都已充分利用了。高速度发展难以为继，高质量发展假以时日。新冠肺炎疫情使得百年未遇之大变局加速演进，经济全球化遭遇逆流，保护主义、单边主义上升，世界经济低迷，必然波及国内的经济发展，任务之繁重、挑战之严

---

① 从习近平总书记在深圳经济特区建立四十周年庆祝大会上的讲话中，我读到的是“人民主体”。本文发表在2020年10月16日财新网。

峻都前所未有。“有心无力”之下，难免捉襟见肘。

“反复出现”，一定有形式主义的阴影。中央明确制定而且合理可行的改革举措迟迟不能落实，群众反映强烈也无体制障碍的民生大事总是一拖再拖，少数干部的“只唱高调不干实事”“不求有功但求无过”是主要障碍。更有甚者，在个别官员心目中，工作的主要动力、衡量的主要标准，并不是党的要求，更不是人民的呼声，而只是他们自己揣摩的所谓“上意”。低级红，高级黑，形式主义屡禁不止，几近荒谬。

“反复出现”，公权力的任性难辞其咎。习近平总书记在论述“公权力姓公，也必须为公”时要求各级干部“牢记手中的权力是党和人民赋予的，是上下左右有界受控的，切不可随心所欲、为所欲为，做到秉公用权、依法用权、廉洁用权、为民用权”。但是，在少数干部那里，权力的作用主要是“政绩”，只要对“升迁”有利，无论是减损群众利益，还是增加群众义务，统统不在话下。“反复出现”的“官员雷语”，即为写照。

“反复出现”，是习总书记对全党的警示。作为一个“根基在人民、血脉在人民”的执政党，让人民群众普遍关注、反映强烈的问题不再“反复出现”，是使命、担当，更是承诺、责任。应从思想方法、工作作风、考核机制、沟通渠道等多管齐下、全力解决。

从思想方法上，必须确立“人民主体”这一根本。“权为民所用、情为民所系、利为民所谋”，不仅仅是工作对象、工作方法、工作效果。对于人民群众普遍关注、反映强烈的问题，如果因为执政者自身的不作为或乱作为而“反复出现”，人民就有权对你不信任，就应该撤销对你的“委托”。只有从“执政合法性”的高度去认识、去警示，才能“以思想破冰引领改革突围”。

从工作作风上，亟须大张旗鼓地反对形式主义。作为“四风”之首，形式主义不但影响执政效率、质量，还腐蚀干部心灵、败坏社会风气，更严重损害党和政府的公信力，是党和人民的大敌。反对形式主义，在思想教育、作风整顿之外，还须落实惩戒措施。只有严肃查处、通报若干“表态多调门高、行动少落实差”、造成严重后果或恶劣影响的案例，形式主义信徒才会成为像腐败分子一样的人人喊打的过街老鼠。

从考核机制上，理应引领党政干部“不唯书、不唯上、只唯民”。党政干部大多是教育良好、通识完备的精英，他们的选择是理性的。为了引导和激励他们勇于解决人民群众关注的问题，就要按照“人民主体”进一步优化对干部的考核、选拔机制，把“琢磨事”的权重加大、把“琢磨人”的权重降低，并充分运用信息技术和数据资源对干部“画像”，降低和避免人为的“迎合”。这就是习总书记要求建立的“为改革者负责，为担当者担当”的激励机制。

从沟通渠道上，一定要坚持和人民群众的广泛商量。习总书记明确要求：“涉及一部分群众利益、特定群众利益的事情，要在这部分群众中广泛商量。”解决群众关注的问题，和特定的群众商量，当面听取群众反映，直接了解群众诉求，解决方案一定会更接地气、更落实处；如果群众关注的问题不能全部解决，也可以通过商量讲清楚制约决策的因素、决策实施后的效果、对副作用的补救措施等，让涉及到的群众理解决策、接受方案、心通气顺；即使群众关注的问题目前暂时不具备解决的条件，也要用商量的形式讲清楚原因在于体制机制的限制，或在于不能克服的困难等，并给出在条件满足时解决问题的承诺，争取群众的理解，减轻、消除反应。这种“商量”，也正是中国特色“协商民主”的价值所在。

习近平总书记广东之行，继续率先垂范“不扰民”的有关规定，每到一地都和当地的各阶层群众交流互动，倾听各类群众的心声。在深圳讲话中，更是不断强调“人民主体地位”“以人民为中心的发展思想”“人民对美好生活的向往就是我们的奋斗目标”“人民群众最有发言权”。这就是中国共产党的本色、初心，是改革开放的真谛。为此戮力，中国之福。

商业一类国企如何推进改革[①]

2020 年 12 月 7 日

十九届五中全会再次强调要“深化国资国企改革”。中国国有企业分布广泛，资源禀赋、历史沿革、战略定位、发展目标、运行方式、竞争程度等各不相同，必须从各类国企的特点出发，实事求是，具体分析，区别对待，设计和实施改革方案，激发国有企业活力，提高国有企业效率，做大、做强国有资本。

2015 年底，中央深改组审议通过的《关于国有企业功能界定与分类的指导意见》，已经明确要求把国有企业分为“商业类”和“公益类”，其初衷就是为了“因企施策推进改革”。其后，“商业类”被进一步分为商业一类和商业二类，前者指处于充分竞争的商业类国企，后者指主业处于关系国家安全的战略性领域的商业类国企。中央深改组当时提出了分类改革、分类发展、分类监管、分类定责、分类考核的五个目标。四年多来，在混改进度、考核体系上的区别已经逐步呈现，但在与监管、定责等有关的各项法规、政策和各种审批流程上，“分类施策”亟待启动、推进。

商业一类国企处于充分竞争领域，既无国家配置的专门资源，也无关系国家安全的特别业务。除了股东层面的“国资”，在资源获取、市

① “国企分类”的目的是为了分类推进改革，但分类虽有时日，改革却差强人意。本文发表在 2020 年 12 月 7 日财新网。

场竞争、日常经营、内部管理等方面都和其他所有制的企业并无二致，企业发展主要取决于企业家的创新精神、科技人员的研发动力、企业成员的整体活力，并无“国有股东”带来的特别恩泽。因此，建议坚持分类推进改革的初衷，加快推进商业一类国企的各项改革。具体建议如下：

一、率先实现国资保护和监管理念的常态化

国企改革初期，由于国资出资人的权力和职责分散在多个部门，审计、评估、纪检等外部机制尚付阙如，在改制、转让、投资等过程中都出现了较为严重的资产流失、流损。因此，中央陆续出台了《国有企业财产监督管理条例》等政策法规，并设立了各级国资委，结束了“五龙治水”。监管机构的健全、各项法律法规和监管制度的制定和完善，极大提高了对国有资产的监管和保护力度。二十多年后的今天，从国企内部，到相关合作方，到社会各界对于国有资产都普遍敬畏，任何对国有资产的损害都成了“高危行为”。如果说改革初期的国有资产是某种意义上的“唐僧肉”，现在则已成为人所共知的“高压线”。

对国有资产监管和保护的高压态势，也在客观上带来了一些副作用，包括对国企的额外限制、对国资的超常评价、过严的监管取向、司法实践中的各种争议等等，无论对监管者、经营者、科研人员，还是其他员工，都造成了不少的困扰。就连国家银监会原主席提及自己任分管国资副省长的经历时都感慨：“把一些自己管不好的‘坏资产’‘烂资产’也抓在手上不敢卖，不敢盘活，一盘活就害怕别人告状说这是‘国有资产流失’。这个帽子可不小。”

中共十八届三中全会指出：“国有企业总体上已经同市场经济相融合，必须适应市场化、国际化新形势。”如果不对监管理念和保护力度进行与时俱进的完善，不但会从机制上束缚国企创新、发展的活力、动力，也会严重阻碍国企的市场化、国际化进程。既然国资监管理念已经“从管资产到管资本”，国资保护理念也应“从保护资产到保护产权”。建议国家以适当方式明确规定：对于商业一类国企，虽然控股股东是国

有资本，但企业资产属于企业法人财产；对于公司资产的经营、处置由公司经营管理层依照股东会的授权和董事会的决策执行；对公司资产价值的评估由专业的中介机构负责；对公司资产保值、增值的评价和监督由公司董事会、监事会、股东会负责；对于任何侵犯公司财产的行为，由国家法律统一约束、惩处。所有这些，都与股东的所有制类型无关。逐步实现对国资保护、监管的常态化。

二、建立和完善市场化经营机制

建立和完善市场化经营机制的关键，是按照中央要求建设“国有企业家”队伍，完善职业经理人制度，实现习近平总书记多次要求的“两个一以贯之”。2018 年 10 月的国有企业改革座谈会明确提出“市场化选聘、契约化管理、差异化薪酬、市场化退出”的原则和“完善治理、强化激励、突出主业、提高效率”的目标，建议在商业一类国企中加快实施，并限期完成。在任期制和契约化管理的实施过程中，有几点值得关注：

任期的短期化不可避免带来企业经营管理的“短视化”，使得“做一天和尚撞一天钟”成为理性选择。因此，建议对商业一类国企制定任职期限的下限。同时，对于领导班子中的科技领军人物、技术专家，除非公司董事会按照中长期业绩、综合评估等量化指标评判不合格，一般不做“正常调动”。

要提升企业价值需要设计竞争举措，但互相竞争企业之间的“对调”（如三大移动通讯运营商的一把手就“对调”了几次），使得竞争举措的设计很可能变成给自己“挖坑”，不利于国企创新。建议对商业一类国企明示“豁免对调”，消除后顾之忧。

同一个企业的经营管理层成员的待遇“双轨制”，即对“干部编制”和“市场化选聘”的高管实行不同待遇的做法，弊大于利。建议对商业一类国企，不论管理层成员来源如何，都实行同一标准的选聘和管理。

商业一类国企基本没有“先天优势”，企业价值的提升主要取决于企业家、科技人员和职工的努力。他们的待遇应和绩效挂钩，不应人为干预，建议逐步取消对这类企业管理层的“限薪”。

三、简化审批标准和程序

现有因“国有”的所有制性质而额外增加的审批标准和审批流程，客观上阻碍着企业的创新和发展。诸如：

国企创新须对科技人员进行有效的激励，上市公司的股权激励是非常成熟的手段。律师、会计师等都会出具专业意见，证监会更有一整套规范性要求。股权激励的收益取决于公司的股价，不兜底也不封顶是股权激励机制的设计出发点。但只要上市公司是“国有控股”的，就有着“封顶”的规定：股权激励收益不能超过正常薪酬的40%。这样就根本偏离了股权激励的机制，失去了股权激励的意义。

为了鼓励国有科研院所、高等院校的科研人员创新，国家出台了职务科技成果可以由科研人员自行转化、发明者本人可以享受转化收益的政策，并规定可以在成果转让时豁免评估。但在同一法规内，同样是科技人员、同样有职务发明，国有企业就被要求必须遵循与科研院所和高等院校完全相反的禁止性规定。

企业资产要增值就要经营、投资。任何经营和投资，无论事先如何审慎、尽责，都不能完全避免风险。在一般企业，评价的是整体的经营和投资效果。但对国有企业的监管要求却是每个项目都“不容有失”，经营、投资行为需要被“终身问责”的规定情形多达70余种，任何投资出现任何损失都要被调查、被追责，任何原因、时段的经营出现亏损都要向最上一级国资监管部门反复说明。以致某些混改企业被要求“任何一个子公司、任何一个月份都不能出现亏损”，完全脱离了公司的经营实际。

企业的项目申报、股权激励、资产处置等事项有着正常的审批程序，但只要是“国有控股”，就往往要层层报送到国资委。如某一央企的子公司控股的上市公司需进行股权激励，无论金额大小、人数多少，最后都要经由国务院国资委审批。

所有这些，都是在正常的监管标准、审批流程以外，由于股东的所有制性质而额外增加的。建议以适当形式做出明确规定：对商业一类国企，原则上实施与其他企业相同的监管标准和审批流程，真正给企业“松绑”。

四、豁免额外的刑事责任

在国有资产是某种意义上的“唐僧肉”的年代，我国刑法中为国企管理人员定制了五条罪名（“非法经营同类营业罪”“为亲友非法牟利罪”“合同失职被骗罪”“失职罪”“低价出售国有资产罪”，第165条至169条），并规定对国企管理人员“以国家工作人员论”（第93条），连带了几十条罪名。这些罪名，完全是针对国企的所有制性质而额外增加的，对其他所有制企业的企业家都不适用。

在这种刑责下，国企的企业家、高管在投资、经营、创新、竞争时，就要面对其他所有制的企业家基本不需要考虑、担心的种种“困境”，无异于“带着镣铐跳舞”。这是影响国企活力、效率的重要原因。如果说对于享有国家特别授予资源的垄断性、公益性国企的高管，这种约束还有理由，那么，对于商业一类国企高管，他们的资源禀赋、经营和管理环境等与其他所有制企业相比并没有特殊的“先天优势”，他们也不应该承担其他所有制企业高管不需要承担的额外刑责。

因此，建议由最高法、最高检、国资委联合做出明确规定：商业一类国企的管理人员不适用以上这些罪名，其法律责任，特别是刑事责任与其他所有制企业的高管一致。特别要明确规定：参与“混改”的民营企业家，不因在商业一类国企任职而“变身”为“国家工作人员”。

五、强化和规范国企分类

对国有企业属于商业类或公益类，目前由国资委划分，法律效力不足。如果要作为分类改革的依据，特别是要成为某些法律豁免事项的依据，应该进一步增强分类的法律效力，建议至少由国务院以行政法规的形式予以公布，增强分类的法律效力。

目前判定商业一类的标准主要是“充分竞争”。但是，在某些领域，表面上的竞争虽然已比较充分，但其资源主要是国家专授，而不是市场配置的（如移动通信、石油石化），或者涉及国家战略及安全（如发电集团），处于这些领域的国企，特别是特大型央企，应列为商业二类。

为保证分类施策的精准，对于集团公司国企内部的子公司或业务应进行进一步的分类。对于集团公司为商业一类（或二类），而内部的某子公司或业务属于商业二类（或一类）的，应另行分类。

六、设立对应的管理和监督部门

在中国的监管体制中，对于需要“分类施策”的监管对象，一般都分设不同的监管部门。如国家银保监会，对于作为监管对象的银行，就按照“政策性银行”“国有控股大型商业银行”“全国性股份制商业银行”“城市商业银行”“农村中小银行机构监管部”分设了五个监管部门。在国资监管机制中，虽然把监管对象分为了商业一类、商业二类、公益类，但部门设置还是沿用原有的按照监管业务的分类，客观上不利于分类施策。建议在各级国资委设立专门的商业一类国企监管部门，既明确分工、落实责任，也可以倒逼“分类”政策的出台，推进国企改革。

总之，商业一类国企处于充分竞争领域，先天既没有“得天独厚”，后天也不能“坐地分钱”，根本的机制和其他所有制企业一致。以此为机，取消各种限制，回归企业本色，提高企业效率，是国企改革的逻辑结果和当务之急。

“防止资本无序扩张”与市场机制[①]

2020 年 12 月 13 日

12 月 11 日的中共中央政治局会议首次提出的“防止资本无序扩张”，切实反映了中国经济社会发展的迫切需要，理应被产业、资本、政府等各界高度重视、深刻反省、严格遵循。

回顾几年来对基层和业界的调研，“无序”至少体现在以下几个方面：

一是对平台和市场规模的滥用。互联网时代的行业集中度提升固然是产业成熟的标志，但如果滥用规模优势，“店大欺客”、胁迫供应商“二选一”、利用大数据“杀熟”等等，就已经根本背离了市场规则，严重损害了市场主体。而用“大而不能倒”套利，叫板监管规则，更是系统性风险的体现。更深层的伤害，是滥用规模、扼杀创新。在调研中不少中小企业和科技人员吐槽：他们最害怕的就是创新成果被“巨头”发现，因为一经发现，巨头们就可以利用市场规模、滥用补贴轻松地扼杀原创，取而代之。“赢者通吃”之下，自主创新无望。

二是利用资本规模不当占用资源。在某些地区，资本的扩张冲动和政绩的 GDP 导向驱动一拍即合，严重扭曲了对资源的市场化配置。“大资本”“大项目”一来，警车开道、清场封路、主官全陪、要地给地、

---

① 中央提出“防止资本无序扩张”，少数舆论解读为“逆市场化”，而我认为这正是对市场机制的完善。本文发表在 2020 年 12 月 13 日财新网。

缺钱给钱、一呼百应，都成了“常态”。本地群众的嗷嗷待哺，中小企业的殷殷期待，一概不在话下。本应市场化配置的各种资源，本应反哺当地中小企业的各种补贴，甚至本应纾解民困的专项资金，都成了大资本的超额利润。宁为大资本“锦上添花”，不为小企业“雪中送炭”，是在调研中经常听到的反映。

三是财富无序地过度集中。一方面利用平台和市场规模的垄断获利，一方面利用资本和资金规模的资源超配，使得资本急速集聚，“首富”财富值的增长额和增长速度远超人们的想象。过度集中的财富和不受约束的权力一样，是天然的超强腐蚀剂：腐蚀人心，侵蚀规则，败坏人性。它使得资本所有者的扩张冲动更加不受约束，也使得外部“合作者”的添砖加瓦更加理所当然。如果借“首富”光环，无视规则，叫板监管，则可能将经济领域的无序放大、扩散，为害更烈。

四是导致社会心理的失衡。通过奋斗获得幸福，奋斗本身就是一种幸福，这是健康的社会心态。但是，资本的无序扩张、财富的过度集中，传授的往往是不需努力的“一夜暴富”。以至于在少数社会成员，特别是青少年眼中，“出生清贫，奋斗成功”已经落伍，“富贵人设”才是流量担当，“共享”高级酒店房间、名牌首饰包包等奢侈品的“炫富秘籍”时有所闻。如某视频网站的一个版主兢兢业业做了几年的游戏解说乏人问津，反而是关闭版面前发的告别视频中“家人赠送的千万豪宅”引来大V转发、小粉热跟。长此以往，财富将不仅仅是商业价值的衡量标准，而会变成其他各类人生的成功标签。这种精神上的“无序”，更应防止。

管理层对以上的种种“无序”始终保持高度警惕，并在必要时采取了各种及时、有力的措施，包括暂停某巨无霸项目的上市、出台《关于平台经济领域反垄断指南（征求意见稿)》等等。本次政治局会议更是提出了系统性的要求。这体现了对社会经济良性发展的担当，体现了“为人民谋幸福”的初心，是一个负责任的政府的有效作为。但是，少数舆论把中央一以贯之的政策取向和监管理念解读为“逆市场化”，如某篇流传较广的文章就批评“长期以来，有人习惯于把改革开放简单称为‘市场化改革’”，并把“防止资本无序扩张”的要求理解为“如何处理国家和民间大资本的关系”，把矛头直接指向了市场化改革和民间资本，值得商榷和澄清。

市场经济的核心机制是市场主体之间公平、自由的竞争。而垄断阻碍自由竞争、扭曲资源配置、损害市场主体和消费者利益、扼杀技术进步，违背了公平原则，是所有成熟市场经济的参与者和监管者都一直高度警惕、坚决反对的。反垄断是市场经济内在和本质的需要，以至《反垄断法》被称为“经济宪法”。因此，不能因为出现垄断，出现少数市场主体对规模的滥用，就否定市场经济的作用，如同不能因为个别地方政府的不作为或乱作为就否定政府作用。必须反复强调：对市场行为、市场主体的监管，也是市场经济体制不可分割的一部分，而不是市场经济的对立面，更不是对市场经济的否定。

中国在社会主义市场经济的建设过程中，一直坚持保护竞争、反对垄断。2008 年就出台了《反垄断法》，开宗明义就宣示是为了“保护市场公平竞争，提高经济运行效率，维护消费者利益和社会公共利益，促进社会主义市场经济健康发展”。最近的一系列措施，更在世界反垄断史上具有里程碑意义，其目的就是为了保护市场经济的健康发展。成熟的市场经济国家也一直对垄断高度警惕。从 20 世纪 80 年代对 AT&T（美国电话电报公司）的拆分，到跨越世纪之交的“合众国诉微软案”，到最近对谷歌的反垄断诉讼，都是典型的案例。“我们不能也不会接受只有利于那些已经成功的人的经济等式，每个人都应该有机会实现成功”，这是竞选的政纲，更是社会的共识和规则。所有这些，都不意味着对市场机制的否定、对市场配置资源的贬低。

而与垄断相关的“资本无序扩张”，无论是“对平台和市场规模的滥用”，还是“利用资本规模不当占用资源”，抑或是“财富无序地过度集中”，都是对市场规则的无视、对竞争机制的破坏。因此，防止资本无序扩张，只能通过有效监管下的市场机制，通过法治保障下的公平竞争，而不是其他。

习近平总书记在深圳经济特区建立四十周年庆祝大会上的讲话中，

把深圳作为“中国人民创造的世界发展史上的一个奇迹”加以总结，最主要经验之一就是“率先进行市场取向的经济体制改革”。中共十九届五中全会关于“十四五规划”的建议再次强调“毫不动摇鼓励、支持、引导非公有制经济发展”，“优化民营经济发展环境”，“依法平等保护民营企业产权和企业家权益，破除制约民营企业发展的各种壁垒”。因此，市场化的改革方向，对多种所有制经济一视同仁地保护和发展，用法治保障每个社会成员的权利和利益，是中国特色社会主义制度的精髓。无论经济、社会发展中出现何种问题、倾向，无论对之采取了怎样的监管措施，都不能质疑、动摇。

投入大却强度低，“研发投入强度”为何失真？[①]

2021 年 2 月 22 日

“研发投入强度”作为衡量一个企业在研究、创新上的重视程度和投入力度的指标，已经越来越引起各界关注。由中国企业联合会、中国企业家协会公布的“2020 中国企业 500 强榜单”，公布了研发投入的前十大企业。其中，H 公司投入 1316 亿元，B 公司投入 183 亿元，H 为 B 的 7 倍多；但计算“研发投入强度”后，B 为 23.49%，而 H 只有 15.33%，H 比 B 少了近 8 个百分点。于是，H“屈居第二”、B“遥遥领先”的评价不绝于耳。

投入大，“强度”却低，原因何在？

“研发投入强度”是一个比例值，分子为研发投入的金额，分母是投入主体的规模。这个指标一开始用于国家（地区）之间的比较，分母采用了“国内生产总值”，即 GDP，这个指标在国家（地区）之间有着很高的可比性。而一个国家（地区）的国内生产总值就是由各产业部门（各企业）的“增加值”组成的。因此，在把“研发投入强度”应用到企业时，最初是采用“增加值”作为分母。2009 年以后，由于统计口径的原因，不再公布分行业的“增加值”，才把企业“研发投入

① 作为一个含金量越来越高的指标，“研发投入强度”公式亟须纠错、完善。本文发表在 2021 年 2 月 22 日财新网。

强度”的分母改为营业收入。

企业所处行业不同、经营业态不同，营业收入和增加值之间差距的差别会很大。前述的 H 公司是电子信息制造业，营业收入中包含的外购成本和服务较多，分母就会比“增加值”大；而 B 公司是信息服务业，营业收入主要是企业本身的增值部分，分母就比较接近“增加值”。所以，就会出现虽然投入为 7 倍多，“强度”却少了近 8 个百分点的结果。可见，采用“营业收入”作为分母，企业的“研发投入强度”会随着行业、业态等不同而导致相当程度的“不可比”。

“研发投入强度”这个指标的作用，已经从导向、评价发展到考核乃至资源分配。企业资质评定、科技经费投入、政府资金支持等等，都依赖这个指标。而且，在所有场合下都只看指标数值本身，不做差异分析。比如，不会对电子信息制造业和电子信息服务业制定不同的标准。从 2020 年开始，国务院国资委也把“研发投入强度”作为对央企仅有的五个考核指标之一，也没有因央企的不同行业、不同性质而制定不同的考核标准。

因此，为了保证评价、考核、资源投入的可比、公正，建议尽快把企业“研发投入强度”指标的分母改为“增加值”。而且，既然地区、城市的“研发投入强度”的分母是国内生产总值，企业的“研发投入强度”的分母就应该是“增加值”，逻辑、体系才能自洽。分母改为“增加值”之后，由于增加值低于营业收入，强度指标的计算结果都会程度不同提高，因此，建议同时相应提高考核、评价的标准值。

“增加值”不是现成的财务指标，但是，企业从已有的财务指标中，不需要重新归集，只通过简单的计算就能得到，而且，计算结果完全是可验证、可核查的。这种计算、验证、核查，不需要依赖统计部门的统计数据。因此，把“研发投入强度”的分母改为“增加值”，完全具备可操作性。

在考虑、提出用增加值作为研发投入强度分母的建议时，笔者还联想到了对企业价值的整体评价。

中国已经进入新发展阶段。习近平总书记在企业家座谈会上要求

“在爱国、创新、诚信、社会责任和国际视野等方面不断提升自己，努力成为新时代构建新发展格局、建设现代化经济体系、推动高质量发展的生力军”。对企业、企业家的衡量和评价标准也要创新、完善，才能满足这种新发展理念。但是，目前无论是对企业的综合评价，还是财务考核，包括上市公司的信息披露，主要指标就是营业收入和利润。营业收入反映的是企业的经营规模，但如果企业有外采、外购，则营业收入中就会包括其外采外购产品或服务所蕴含的之前所有环节的累计投入，不完全是企业自身的经营结果。利润固然重要，但利润主要是企业对股东的回报。这些指标反映的都只是企业某个维度的状况，而不是企业的整体质量，更不是企业对社会的整体贡献。

比如，习总书记在企业家座谈会上指出：“关爱员工是企业家履行社会责任的一个重要方面，要努力稳定就业岗位，关心员工健康。”笔者所在的软件公司有4000多名本科以上的员工，也常有人说“你们解决了4000多名高学历人士的就业问题，这是比利税更大的贡献”。但是，这种企业对员工的责任，并没有一个指标来衡量。工资、奖金、社保？从利润的角度这都属于“成本”，是时时要考虑尽量“降低”的。

而“增加值”这个指标，除了应该成为“研发投入强度”的分母，还可以用来衡量企业的整体发展质量和整体社会价值。

根据国家统计局对增加值“收入法计算”的规定，增加值由劳动者报酬、生产税净额、固定资产折旧和营业盈余四个部分相加而得。“劳动者报酬”体现对员工的责任；“生产税净额”反映对财政税收的贡献；“固定资产折旧”衡量对自身更新改造的投入；“营业盈余额”则是对股东的回报。从股东到员工，到国家税收，到企业自身，“增加值”这个指标都囊括了，应该可以全面反映一个企业的整体贡献。而且，既然国家（地区）的经济社会发展主要用“国内生产总值”来衡量，企业的价值也应该用“增加值”来体现，因为“国内生产总值”就是“增加值”的汇总结果。

目前，“增加值”这个指标无论在经济统计、财务核算、上市公司信息披露，还是国有企业考核评价等各个场合，都没有得到运用。建议尽快从法规、政策、监管等角度，明确要求把“增加值”作为企业的主要贡献指标，全面、直观、综合地反映企业对国家、对股东、对员工、对企业自身各方面的综合贡献，并成为企业资质评定、科技项目立项、政府资金投入、有关政策支持等的主要衡量标准。

“研发投入强度”算法应尽快完善[①]

2021 年 3 月 6 日

笔者关于把企业“研发投入强度”的分母从“营业收入”改为“增加值”的建议引来了一些关注，包括疑虑。为便于讨论和说明，我先假设一个“高考录取率”的例子。

“高考录取率”的计算公式，分子当然是录取的学生人数。分母的“算法”，一段时间有过两种口径：统计部门统计时以“参加高考的学生数”作为分母，学校计算则要求用“全校学生总数”作为分母。

这样的算法，首先在地区和学校之间就不“自洽”：如果一个地区只有一所 1000 名学生的学校，100 人参加高考，录取了 50 人，统计部门计算的高考录取率是 50%，而按学校计算的高考录取率则只有 5%。

这样的算法，更在不同的学校之间“不可比”：如有甲、乙、丙三所学校，甲校只设高中部，学生数 300 人；乙校有初中部和高中部，学生数 600 人；丙校除了初高中，还有小学部，学生数 1000 人。假如三所学校都各有 100 名学生参加高考，都各录取了 30 名学生，计算的“高考录取率”却分别为 10%、5%、3%。

初时，“高考录取率”只在学校之间互相比较一下，含金量不高，“不可比”的后果不严重。但到后来，主管部门为表示对“高考”的重

① 我提出的对“研发投入强度”完善的建议引起讨论，本文是举例说明和对疑问的解答。发表在 2021 年 3 月 6 日财新网。

视，出台了政策：要根据“高考录取率”来确定给各个学校的“生均经费”的标准：10%以上为1000元，5%~10%为600元，低于5%只有300元。这样一来，“高考录取率”含金量就很高了，分母用什么就变得非常重要。还用“全校学生总数”，乙校、丙校肯定不干了。在学校、专家的纷纷呼吁之下，终于让学校的“高考录取率”的分母也和统计部门一致，采用“参加高考的学生数”。

这个“有悖常理”的例子当然是虚拟的，但是在“研发投入强度”这个衡量对研究、创新的重视程度和投入力度的重要指标上真实发生着的，几乎是完全类似的情形。

“研发投入强度”的分子自然是为研发投入的金额。分母则真实存在两种算法：统计部门统计时采用“国内生产总值”，对企业考核时则用了“营业收入”。

这样的算法，在地区和企业之间同样“不自洽”。因为“国内生产总值”对应的是企业的“增加值”，而不是营业收入，增加值一般都小于营业收入。如果一个地区只有一个企业，企业的营业收入1000万元、增加值500万元、研发投入100万元，统计部门统计的“研发投入强度”为20%，而企业计算的“研发投入强度”却只有10%。

这样的算法，在不同企业之间同样“不可比”。我举的中国企业联合会公布的“2020中国企业500强榜单”的例子，同为研发投入的前十大企业，华为公司研发投入1316亿元，百度公司183亿元，华为是百度的7倍多，但计算“研发投入强度”后，华为只有15.33%，百度却有23.49%，华为比百度少了近8个百分点，低了近三分之一。这种投入金额和“强度”的严重背离，原因就在于采用营业收入做了“分母”。华为是电子制造业，营业收入中包含的外购成本和服务较多，比“增加值”大得多；百度是信息服务业，营业收入中的外购部分很少，比较接近“增加值”。

“研发投入强度”指标一开始同样也只用于比较、分析，“含金量”不太高，无论用“营业收入”或“增加值”做分母的差别后果不严重。国外如欧盟的一些企业也有用营业收入作为分母的，因为他们的主要用途是在同一行业的不同企业之间，或在同一企业的不同年份之间比较，“不可比”程度不大。现在，在国内，这个指标已经越来越成为企业资质评定、科技经费投入、政府资金支持、有关政策享受等几乎所有场合的衡量标准，而且都只看指标数值，不做差异分析，比如，不会对电子信息制造业和电子信息服务业制定不同的标准。从去年开始，国务院国资委也把“研发投入强度”作为对央企仅有的五个考核指标之一，也没有对不同行业、不同业态的央企制定不同的考核标准。如果继续采用营业收入作为分母，不可比性造成的后果就会越来越严重。我们设想一下：如果国家有某项非常重要的政策的享受门槛是“研发投入强度超过20%”，那么，上例中的华为公司就无端丧失了资格。作为国内研发投入金额第一的华为，确实会“很冤”。可见，以营业收入作为衡量不同类型企业研发投入的基准，很可能导致国家对于企业科技创新评价考核的失当、政策支持的错配。

怎么解决这个问题？

关于“不自洽”，有一种观点是：这种算法已延续多年，而且不少人心目中也认为“国内生产总值”对应到企业就是“营业收入”，“增加值”太专业了，“研发投入强度”这个指标也不存在企业和地区核对的问题，因此不着急改。诚然，“国内生产总值”和“营业收入”之间的差异没有“参加高考的学生数”和“全校学生总数”那么通俗易懂，但是，作为一个非常关键的统计指标，严谨度、一致性非常重要。如果一个小镇只有一个对研发有投入的企业，怎么解释统计和企业之间指标的不一致？

关于“不可比”，有一种建议是：不改分母，可以为不同行业设立不同的考核、评价标准，这样，华为适用于制造业的标准，百度适用于信息服务业的标准，就不会“不可比”了。沿用上面的例子，这就相当于要为“只有高中部”“同时有高中、初中部”“既有中学又有小学”的各类学校设定不同的“高考录取率”，而且，要保证企业的可比性，分类会多达几十乃至数百个，你可能要为“手机制造类”和“芯片制造类”设定不同的标准值。直接改一个分母，应该简便很多。

关于“可操作性”，有一种顾虑是：“营业收入”是财务报表有的，“增加值”要另外算，增加工作量。沿用上例，就相当于“‘全校学生总数’是报表中现成的，‘参加高考学生数’要分班统计”一样。分班统计应该不难，同样，虽然“增加值”不是现成的财务指标，但是，完全可以从已有的财务指标中通过简便的计算得到，而且计算过程和结果都可验证、可核查，也不依赖统计部门的任何统计数据，完全可操作。

因此，无论是为了保证企业和地区（城市）之间在“研发投入强度”的含义、体系上的自洽，还是为了保证不同企业之间的可比性、客观公正，还是考虑工作量和可操作性，都应该尽快把企业“研发投入强度”指标的分母从“营业收入”改为“增加值”，并相应适当提高考核、评价的标准值。

“研发投入强度”，既作为基本门槛出现在各类企业认证、资质评定的文件中，又作为主要标准出现在各项政策支持、资金投入的规定中，更作为施政业绩出现在各级政府工作报告中，还是衡量城市、地区、国家竞争力的主要指标。指标的重要性和受关注、重视的程度，应该已和“国内生产总值”在同一层级。如有不尽合理之处，自应尽快完善。抛砖引玉，求教方家。

企业在国家战略科技力量中定位、作用和有关政策机制的建议[①]

2021 年 4 月 13 日

一、明确企业定位

问题：

在“创新驱动”战略引领下，企业（特别是大型国企、央企与头部的特色民企，下同）的科技基础和能力已经比肩院所、院校。对各类“卡脖子”项目企业也最有解决的需求、动力和条件。《中共中央关于制定国民经济和社会发展第十四个五年规划和 2035 年远景目标的建议》（以下简称《中央建议》）明确要求“强化企业创新主体地位，支持企业牵头组建创新联合体”，但在《规划纲要》中只在“共性技术研发”一节要求“集中力量整合提升一批关键共性技术平台，支持行业龙头企业联合高等院校、科研院所和行业上下游企业共建国家产业创新中心”。定位和范围都有所弱化。

习总书记多次强调“要发挥企业技术创新主体作用，推动创新要素向企业集聚”。我国企业的科研能力和作用，是“新型举国体制”的显著特色。强化国家战略科技力量，应当进一步突出企业的主体作用。

建议：

发挥我国在科技创新领域的制度优势，在对国家科技战略力量体

① 这是我参加九三学社中央重点调研时提出的建议。

系、平台、队伍的规划和实施方案中，进一步明确企业特别是大型国企、重点领域央企和头部民企的定位，把这些企业正式列入科技攻关的“国家队”“科技王牌军”，全力支持企业牵头组建创新联合体，承担国家重大科技项目，健全社会主义市场经济条件下新型举国体制。

二、发挥企业优势

问题：

从“领域”看，企业在前沿领域具有相当的研发能力，在产业薄弱领域有被“卡脖子”的切肤之痛，在已具备一定优势领域具备技术和应用基础。

以“环节”分，在需求导向环节，企业具备感受、了解、验证各种需求，并明确研发方向的优势；在数据驱动环节，科技进步的路径正从“理论突破”进化到“数据驱动”，企业拥有大量的活跃数据是主要来源；在市场检验环节，企业无疑是“首台”“首套”包括后续“中试”等验证服务的主体；在产业化环节包括后续的升级、改进、完善、推广，企业更具备不可替代的优势。

显然，无论研发攻关本身，还是在其他各个环节，企业都应发挥主要作用。但现在的各种文件、规划中，企业的优势主要还只是被描述为“技术创新能力”，企业被视为“成果应用主体”，在“原创性引领性科技攻关”“建设重大科技创新平台”等部分还没有明确企业的作用。

建议：

有效整合企业，特别是大型国企、重点央企和头部民企的科技资源，充分发挥企业在科技前沿、基础研究、薄弱产业、共性技术等领域的特色和优势，在需求导向、数据驱动、市场验证、产业转化等环节坚持以企业为主体，明确相关企业的责任和任务，并配套相应的政策。

三、适合企业的建设思路

问题：

因为需国家资金投入，所以现有的创新平台立项都有严格的前置条件。但是，即使在某一领域有科研优势的企业，也不一定都“有院士等作为带头人”“有长期产学研合作机制和成果”等。而对于这类企业，资金不是主要需求，牵头建设创新联合体的主要意义在于集中企业内部资源、明确企业研发重点、扩大行业影响力。因此，对于企业牵头建设创新联合体可采用与院所、院校不同的方式，并针对不同企业采用不同的立项方式。

建议：

对于由企业牵头组建的国家实验室等创新联合体，只要牵头企业在对应领域具备科研优势，并可以先行投入建设资金，就可以允许牵头建设，同时简化、豁免“要有院士等作为带头人”“要有与高校或科研院所长期合作机制和共同研究成果”等前置要求，快速启动、挂牌。

对于由大型国企、重点央企承担的重大科技项目和承建的科技创新联合体，由科技部和国资委联合下达任务，并事先约定成果的考核、分配方式。由其他企业承建的创新联合体，则由企业报名、科技或工信部门统筹、备案，成果收益按照市场化的原则分配。

四、对企业投入资金的配套政策

问题：

虽然对企业牵头的创新联合体不需要国家先行投入资金，但企业在创新联合体的投入还是“风险投资”，配套的政策支持非常必要。对于非国有企业，可以用扩大“加计扣除”范围的现成方法。国有企业的主要担心是“国有资产保值增值”，而《规划纲要》明确“健全鼓励国有企业研发的考核制度，设立独立核算、免于增值保值考核、容错纠错的研发准备金制度”，如对创新联合体的投资能参照这一办法，消除国企决策后顾之忧的效应特别明显。相应地，对于企业牵头的创新联合体的成果应予“后补贴”，并消除“置换障碍”。

建议：

为支持企业牵头建设创新联合体，允许把企业研发费用加计扣除的范围扩大到创新联合体的有形及无形资产购置。同时，对国有企业牵头建设的创新联合体，投入资金参照对企业“研发准备金”的考核和管理规定，免于增值保值考核、容错纠错。

在企业为主建设的创新联合体取得经科技部门鉴定或市场验证的成果后，参照设立国家实验室等有关规定给予“后补贴”，并允许企业将政府补贴的资金和先行投入的资金进行核算置换。

五、激励科技人员：对国有院所、院校和企业一视同仁

问题：

现有的部分对于国有科研院所、高等院校科技人员的激励政策不适用于国有企业，如 2015 年颁布的《促进科技成果转化法》对于“职务科技成果”的共享，对于院所、院校和对于企业就做了完全相反的规定。不但不利于激发国有企业科技人员的创新动力，甚至直接影响到科研院所“转制”为企业后的政策延续。建议实行同等的激励政策。

建议：

梳理有关法律、法规、政策，把国有科研院所、高等院校科研人员享有的激励政策扩大到国有企业科研人员，如《促进科技成果转化法》中职务发明的收益分享等规定。

六、审批标准和流程：对不同所有制企业一视同仁

问题：

国有企业的科技创新事项，存在着在正常的审核标准和监管程序以外，因为“国有标签”而额外增加的标准和流程。如上市公司的股权激励是对科技人员激励的非常成熟的形式，有律师、会计师的把关，有证交所、证监会的审核，非常规范。股权激励收益取决于股价，不兜底也不封顶就是这种机制设计的出发点。但是，只要上市公司有“国有”标签，就另加了“封顶”的规定：股权激励收益不能超过薪酬的 40%，这样就从根本失去了股权激励的意义。又如项目申报、资产处置等事项，原已有审核程序，但只要是“国有”，不管事项大小，都要层层报送到国资委。对这种因为“国有标签”而额外增加的标准和流程，应

进行清理、简化，使各类企业在创新研发上处于同一起跑线。

建议：

梳理对企业创新事项的审批标准和程序，对于在原有审批标准之外、单纯因为企业的“国有性质”而额外增加的标准和流程进行简化、豁免，如对国有上市公司股权激励的“封顶”规定等。

七、“研发投入强度”考核：对不同行业、不同业态企业一视同仁

问题：

我国在对地区（城市）统计“研发投入强度”时以国内生产总值作为分母，但现行对企业考核时并没有采用与国内生产总值对应的“增加值”为分母，而采用了“营业收入”。由于企业行业、业态不同，营业收入缺乏可比性。特别是大型国企、重点央企，都是产业链的整合者，营业收入远高于增加值，从而使得大型国企、重点央企的“研发投入强度”计算值明显偏低，导致对国企的研发投入评价失真，国家科技投入的资源可能被错配。应把企业研发投入强度计算公式的分母改为增加值，既保持与宏观统计口径的一致，又保证企业之间的可比。

建议：

对作为考核和衡量企业主要指标的“研发投入强度”的计算公式进行完善，把分母从“营业收入”改为“增加值”，既保持和宏观统计口径的一致，又保证不同行业、不同类型企业之间的可比。

“个人信息”的界定、保护和共享[1]

2021 年 5 月 17 日

《中华人民共和国个人信息保护法（草案）》（以下简称“草案”）提请全国人大常委会审议，标志着我国对个人信息的保护进入了实质操作的阶段。但是，其中对个人信息和非个人信息的区分，对“去标识化”“匿名化”的定义，尚待进一步完善。试探讨如下。

一、“去标识化”“匿名化”辨析

信息的“社会化”，前提是每个社会成员的信息都要成为社会“大数据”的一部分，供调用、共享、分析。但是，为了不暴露个人身份，要先对信息进行相应的技术处理。让我们通过一个例子说明这种处理过程。

如果有一个录音文件，其中包含了讲话人姓名、录音设备识别码、讲话内容的音频文件。现在，要把这个录音文件放到“大数据”中供分析、利用，但又不能暴露、“识别”出具体的讲话人是谁，那就要进行技术处理：

首先肯定要删除讲话人姓名、设备识别码，只剩下音频文件。这样，从音频文件本身已经不能直接“识别”出讲话人。

① 这是我对当时审议中的“个人信息保护法”的完善建议，发表在 2021 年 5 月 17 日财新网。

但讲话人的声音特征（声纹）很可能已保存在某些数据库里，通过比对声音特征（声纹）可以去“识别”讲话人，那就要把声纹“置换”掉。常用的方法是先从语音识别成文字，由另一个人（或机器）读一遍，录成另一个音频文件。这样，通过比对声音特征也“无法识别”讲话人了。

但讲话人之前的讲话内容可能存放在“文本大数据”，通过比对“句序”可以去“识别”讲话人，那就要把“句序”特征“置换”掉，如讲话人爱用倒装句，那就要把倒装句全部换成其他句型。这样，通过比对“句序”也“无法识别”讲话人了。

但还是可以通过在文本大数据中比对“高频词”去“识别”讲话人，那就要把“高频词”特征“置换”掉，如讲话人爱用“然后”这个词，那就要把“然后”全部换成其他词。这样，通过比对“高频词”也“无法识别”讲话人了。

但还是可以通过在文本大数据中比对“主题和内容”去“识别”讲话人，那就要把“主题和内容”特征“置换”掉，如讲话人常对“网红”题目发声，那就要把和“网红”有关的文字都换掉。这样，通过比对“主题和内容”也“无法识别”讲话人了。

上面每一步的目的是“匿名”，即使得无法从数据“识别特定自然人”。手段是“去标识”，从去姓名和设备识别码标识，到去“声纹”标识，到去“句序”标识，到去“高频词”标识，到去“主题和内容”标识。但手段中的“置换”，在技术上有时又作为“匿名处理技术”的一种。

所以，“去标识”是处理方式，“匿名”是处理目的，但有时又被描述为技术手段。“去标识”和“匿名”是技术概念，而且不是并列的技术概念，用来做法律概念，需要明辨异同。

“草案”第七十二条对“去标识化”和“匿名化”做了描述，其目的都是“经过处理无法识别特定自然人”。不同点在于：“去标识化”后，借助额外信息可以重新识别特定自然人（文本表述是“在不借助额外信息的情况下无法识别特定自然人”）；“匿名化”后，即使借助额外信息也不能重新识别特定自然人（文本表述是“无法识别特定自然人且不能复原”）。也就是说：区别这两个法律概念，主要的标准是：是否能够“重新识别”，即“能否复原”个人身份。

而“能否复原”恰恰是一个无法确定的标准。回到上面的例子。即使我们采用了那么多个步骤去掉了姓名标识、设备识别码标识、“声纹”标识、“句序”标识、“高频词”标识、“主题和内容”标识，这样是不是就“不能复原”了呢？不一定。还可能从文本大数据通过比对思想倾向、政治立场、论证方法等等，去识别出讲话人，依然存在着“复原”的可能。

如果把网络安全领域的病毒、黑客等比作“矛”，把安全保护技术比作“盾”，矛和盾总是在“你追我赶”，总体上“势均力敌”。但如果把数据“去标识”“匿名”技术比作“盾”，把匿名识别技术、数据复原手段比作“矛”，则似乎“矛”总比“盾”要厉害。事实上，所有“去标识”“匿名”的技术，都有被重新识别、被“复原”的案例。即使在美国这样为了保护“隐私”都无法实行统一的身份证制度的国家，研究人员也发现：只使用“邮编、性别、出生日期”这三个信息，就有 81% 的概率可以在“匿名”数据集里成功地“重新识别”个人。他们判断：“使用 15 个人口统计属性，足以把 99.98% 的美国人从任何‘匿名化’的数据集里重新识别出来。”（Charlotte Jee，You’re very easy to track down，even when your data has been anonymized，*MIT Technology Review*，July 23，2019.）这是什么原因呢？

从原理上，数据分析和利用从本质上是对个人的展示，数据匿名技术则要把个人保护和隐藏起来，在一定程度上本来就是悖论。某人产生的信息之所以具备分析和利用价值，一定跟其身份、状态、偏好、经历等有某种关联。而完全的“不能复原”则要求切断所有的关联，但一旦切断了所有的关联，信息的分析、利用价值也就基本消失了。在上面的例子中，如果我们进一步把录音文件中的思想倾向、政治立场、论证方法等标识也都进行“置换”，“重新识别”倒是更难了（也不是绝对“不能复原”），但这个录音还有分析、利用的价值吗？所以，完全的

“不能复原”不但技术上几乎不可能实现，而且也意味着数据的基本不可用。

还是用“矛和盾”的比喻。“草案”对匿名化“不能复原”的要求，意味着要有一面这样的盾牌，用任何一种武器、用任何一种方法、借助于任何外力都无法攻破，这在实际上是不可能的。我们能遇到的通常是：经过一定的“去标识化”处理，不能直接识别个人身份，但是“借助额外信息”即去所有的数据集比对，一定能程度不同地“重新识别”“复原”的。这样的信息，符合的是“草案”中的“去标识化”标准。

问题在于：按照“草案”的规定，只有满足“匿名化”标准的才是“非个人信息”，符合“去标识化”标准的仍然属于个人信息，因此，实务中所有信息基本都是个人信息，都需要法律的严格保护。这既不符合实际情况，也背离了立法原意，更会严重影响对数据的利用、分析、研究，阻碍数字经济、数字产业、数字科研、数字社会治理的发展。从数据处理者的立场，由于在数据处理前无法确定、在数据处理后也无法验证到底是不是个人信息，而按照“个人信息”处理则需处处征集许可，几乎寸步难行，那就干脆都不按照“个人信息”保护了。反正你要求的绝对完美、万年不破的“盾牌”我做不出来，就干脆不用盾牌。所以，对个人信息的界定出现偏颇或不确定，既不利于使用，也不利于保护。

法律、规范定义的“盾牌”，应该有事先的标准，明确告知：用什么材料制作、通过哪种工艺锻造、达到多少厚度或强度的“盾牌”，就已经足以抵御面临的矛。

二、“去身份化”的思路

考虑到“去标识化”“匿名化”已经在技术和法律、手段和目的、初衷和效果、国际和国内等各种场合，在不同意义和程度上被使用，因此，建议对个人信息的界定标准采用一种新的命名，笔者建议采用“去身份化”。其基本思路还是依据“草案”中的“不能识别特定自然人”。

以下是“去身份化”的一种界定方法。

先把个人信息分为两部分：

一部分是“身份信息”，即可以直接或间接确定个人身份的信息，如姓名、身份证件和其他各种证件号码、地理住址、网络地址、联系方式（手机及固定电话号码、电子邮箱、社交媒体的注册名等）、账户号码（银行、证券、社保、保险等）、交通工具牌照号、生物特征（指纹、声纹、虹膜、人脸图像），等等。

另一部分是“领域信息”，如医疗健康报告、行程记录、购物清单、交通记录等。

然后，设想、列举所有不能用于“识别特定自然人”的信息组合：

例如，不和“身份信息”关联的“领域信息”。如50岁以上的肺结核病例、今天从北京到通州的人员路径、本周内成交的分体式空调品牌等，显然都不能用来“识别特定自然人”。

例如，技术处理后的“身份信息”和“领域信息”的关联。如一个银行账户余额列表，包含账号、余额两列，但其中的账号已经进行了技术处理，无法用来识别账户所有人。

例如，技术处理后的“身份信息”之间，“身份信息”和“领域信息”、其他信息之间的关联。如一个银行账户余额列表，包含姓名、账号、余额三列，其中的姓名、账号已经进行了更高强度的技术处理，无法用来识别账户所有人。

……

穷举、归纳后可以发现：是否能“识别特定自然人”，取决于“有没有包含未经技术处理的身份信息”。只要没有包括身份信息，或包括的身份信息已经做了相应强度的技术处理（泛化、抑制、聚类、分解、置换及干扰等），这样的信息就已经不能在合理的资源、成本内用于“识别特定自然人”，即可被认为是“非个人信息”。

这样，数据处理者在处理数据前根据内容就可以判定究竟是不是“个人信息”，就可以设计不同的处理流程。需要判断的信息是完备、明确的，不需要等到事后的结果。

三、对《个人信息保护法（草案)》的具体修改建议

（一）删除第七十二条中对“匿名化”和“去标识化”的描述内容。

（二）把第四条中“不包括匿名化处理后的信息”改为“不包括‘去身份化’后的信息”。

（三）把第五十一条中“采取相应的加密、去标识化等安全技术措施”改为“采取相应的加密等安全保护措施”。这条规范的是对内的管理制度，而不是数据处理过程。如果管理的是原始的个人信息，本来就应该有身份标识，“去标识化”后信息系统就不能运行了。如果是对发布、提供的信息的规范，应该放在第二章。

（四）增加以下规定：

原始的个人信息可分为“身份信息”和“领域信息”。只要在供调用、处理的数据中不出现“身份信息”，或者出现的“身份信息”经过相应强度的技术处理，使之在合理的成本和资源内不可重新识别，即可视为已完成“去身份化”。

（五）个人信息的处理几乎全部经由计算机信息系统，但《个人信息保护法（草案)》未对信息系统做任何描述、规定，建议适当增加。如：

在处理个人信息的计算机系统中不得直接提供依据个人身份信息调用其他身份信息或领域信息的功能。所有对这类信息的调用，都要先转向信息产生者个人或产生者的授权人，或法律法规规定情形的授权人，让他们充分了解调用者的身份、涉及的信息种类、调用目的、信息范围、时限、对权益的影响等，由他们做出许可与否的决定。计算机系统还应有提供许可后撤销许可的功能。

（六）为了增强全社会的个人信息保护和共享意识，建议增加规定：

在产生、形成个人信息的所有场合，都在有关位置（屏幕提示、文件封面等）显示、印刷、打印以下内容：“（本过程产生/本文件记载）

的内容均属于个人信息，对其的调用、处理、共享必须取得本人或本人的授权人许可，或者依据国家法律法规的其他规定。任何单位和个人未经上述许可或规定都不能使用这些信息，也不能妨碍、阻止经过许可、符合规定的单位和个人对这些信息的使用。”

个人信息的共享、利用、处理，和个人信息的保护，在理论上和实践中都是需要均衡的“两难”。一方面，数据的“社会化”，既极大方便了人民群众的生活，又成为经济发展和社会进步的强大动力，还空前地驱动着科学研究、科技创新，使得我国在数字经济、数字产业、数字科研上独树一帜。另一方面，未经许可收集和使用用户个人信息、窃取和出卖个人信息等现象日益严重，个别部门滥用个人信息的问题也时有发生。最近的“清朗”系列网络整治专项行动八个重点中，算法滥用、流量造假等和个人信息有关的就占了一半。平衡好信息开发利用与保护个人信息安全的关系，事关经济社会发展大局，事关每个社会成员的安全和权益，这是对个人信息界定的重要意义所在。

人口信息还需要“入户普查”吗？[①]

2021 年 7 月 13 日

假设有一个大工厂，早年创办时各车间自己招工，也没有软件管理，到年底就要组织“职工调查”，由专门的“调查员”去各个工位，让每个员工把本人基本信息、从厂里拿到的报酬、在厂里集体宿舍住的类型和面积、身体情况等告诉“调查员”，或自己填报。这些数据汇总后，就能得到大体的职工信息。

随着信息技术的发展，厂里的人力资源、薪酬发放、宿舍管理、职工体检等都陆续用了软件系统，每个系统里的数据越来越全。但是，由于“惯性驱动”“路径依赖”，厂里还是每年搞一次“职工调查”，还是到各个工位去访谈、填报。不但占用管理资源、浪费员工时间，而且结果一定不如信息系统完整、客观、准确。这种“职工调查”，无异于“刻舟求剑”“南辕北辙”。

现行的人口普查（去年刚完成第七次，以下简称“七人普”），在相当程度上就是类似的“惯性驱动”“路径依赖”。

一、“七人普”真是以人工调查为主吗？

真是。

---

① 以“入户调查”为主的人口普查，既费时费力，又结果不准。社会信息化的进程，已经具备了用“人口统计信息系统”取代“人口普查”的条件和基础。本文发表在 2021 年 7 月 13 日财新网。

"七人普"共在全国省、市、县、乡、村各级组建了67.9万个普查机构，选聘700多万名普查人员。从2020年10月11日至12月10日"入户普查"。入户登记或住户自行填报的普查表分为"短表"和"长表"。全国人民都需填"短表"，"长表"则只对已登记的全部住户中抽取的10%对象。"短表"有19个项目，主要是户籍信息和住宅类型。"长表"有48个项目，除了和"短表"相同的户籍信息和住宅类型外，还包括了教育、产权、就业、收入、婚姻、生育、健康等信息。虽然"七人普"强调了"全面启用电子化的方式采集数据"的"亮点"，但这指的是普查人员手里的电子终端可以录入、传输数据，而非从户籍系统或其他信息系统去自动采集数据。也就是说，普查的数据基础，确实是普查员入户调查或住户自主填报的"手工数据"。

二、不"入户"普查，去哪里取数?

人口普查的项目可分为基本信息和居住、教育、生育、收入、财产、健康信息等。所有这些都可以从已有的信息系统更加完整、准确、实时地得到，具体途径如下：

（一）人口基本信息

就是户籍管理的登记信息，包括姓名、身份证号、性别、年龄、民族、户口类型、文化程度、婚育状况、职业、居住地址、出生地、籍贯、家庭成员之间的关系等。中国的户籍制度非常严密，电子化程度非常高，已经实现了全国联网，每个住过酒店的人都有体会。只要入了户籍，人口基本信息根本不需要抽样或入户普查，查询、汇总都可以非常实时地实现。

"黑户"怎么办? 黑户，在户籍系统查不到，入户调查更问不到。解决这个问题，只需要出台政策：不论是什么原因导致的"黑户"，补办入户手续不但不需要承担任何处分、处罚，而且有一定金额的奖励，办得越快，奖金越高。在这样的政策激励下，人口基本信息一定能在户籍系统中最大程度地完整、准确反映。"七人普"至今公布的六类普查数据中的四类（全国人口情况、人口性别构成情况、人口年龄构成情况、人口受教育情况）“分分钟”都可以实时统计，根本不需要依赖任何抽样、入户。

（二）人口居住信息

随着城镇化、人口流动等趋势，户籍地和居住地不一致的比例越来越高。这也是“入户调查”的主要理由：不去问，怎么知道有谁住在这里？

其实不然。在信息时代，一个人住在哪里，有很多信息系统可以验证：居住证、社保、税收、学籍、防疫接种、就医等等。这些系统中都有以身份证号为标志的各种记录，一定能够判定某人的常住地。更有移动通信系统：手机实名制下，通过对手机定位信息的分析，不光是常住地，就连你的第二、第三、第 N 常住地都很清楚。既然连抗击新冠疫情中的“流行病学调查”，连我们几乎每天都在用的“行程码”，都已经完全不依赖于任何“入户调查”，人口居住（流动）信息就一定可以通过系统自动获取。这样，“七人普”至今公布的六类普查数据中的另两类（地区人口情况、城乡和流动人口情况）也都有了。

（三）其他相关信息

人口基本信息和居住信息都已经可以从信息系统中获得，其他相关信息就更轻而易举了：

出生信息：“出生医学证明系统”有最完整的记录。不管后续是否报户口，出生医学证明是每一个新生儿都要办的，其中就有姓名、父母姓名及身份证号码、民族、出生日期、性别、出生地点分类等。按照 2020 年 12 月国家卫健委发布的《关于依托全国一体化在线政务服务平台做好出生医学证明电子证照应用推广工作的通知》，出生信息已经实现了全国范围内的在线核验和共享复用。

教育和职称信息：成年人既往教育信息已在户籍系统登记；在读学生的信息可以在学籍信息系统获取；各类学历信息可以通过教育部系统获取；职称信息可以从人力资源、社会保障部门获取。一个身份证号码，全都齐了。

收入和财产信息：收入信息，税务、社保系统中最全；各类财产，包括“七人普”调查的住房、汽车等，都已经用信息系统管理；农村土地承包经营权也已有信息系统，一定都可以无一遗漏地获取，完全不需要“入户调查”。

健康信息：现在的体检、就医都是实名制的，只要法律法规允许，获取某一个公民的健康信息从技术上没有任何问题，也一定比本人填报或访谈要客观、准确。

建筑结构信息：“七人普”的“长表”还要求提供住房所在建筑的总层数、承重类型、建成年代、有无电梯等具体信息，这些信息的获取也完全可以通过系统。中国已实现不动产权的全国联网，包括房地产权利人、权利性质、权利来源、取得时间、变化情况和面积、结构、用途、价值、登记、坐标、形状等，信息已经可以实时共享。

总之，在信息化应用的当前水平下，已经完全具备了建设一个实时的全国人口信息系统的技术基础和数据条件。这个系统，以户籍系统为主线，与居住、社保、税收、各类财产登记、学籍、医疗健康、防疫接种、移动通信、住建等各类应用系统进行数据集成、信息共享，就能在基本不需人工干预的前提下，实时、准确、完整、客观地反映全国人口的数量、结构、分布、变化及相关的各种信息。既不需要十年一次兴师动众的大规模“普查”，也不需要每年一次颇费心思的百分之一“抽样”，更无须为“普查”和“抽样”结果的前后不一而左支右绌、不断“找补”。当然，人口信息系统必须由法律法规明确授权，只能在“了解基本国情所必需”的范围采集数据，只应为“制定人口及相关政策”的宏观目的使用数据，且充分保证采集对象的知情权。人口信息系统的结果，绝不能成为对采集对象个体的任何行政、司法行为的线索和依据。

三、对一些疑虑的分析

在笔者与一些人口学者、普查实务工作者的探讨中遇到一些问题或疑虑，选择几个较有代表性的分析如下。

（一）“人口普查是国际通行做法，怎么就成了‘缘木求鱼’了？”

确实，国际上人口普查迄今已有200多年的历史，一般公认为起源于1790年的美国。但那时还没有任何计算机系统，“入户”调查是唯一可行的手段。进入信息时代，西方国家由于制度、文化等原因，在人口、户籍管理上的软件应用相对较少，如美国都还没有实行统一的身份证制度。因此，传统的“普查”方式还是相对准确、有效的手段。既然在其他国家抗击新冠疫情的“流调”还依赖人工跟踪、查问的情况下，我们已经可以从移动通信系统找到所有的接触和行踪，那么，为了掌握人口信息，我们也不应继续机械地效仿其他国家“人口普查”，而应从以户籍管理为基础的信息系统去实时获取。

（二）“信息系统的数据不全，有些人不愿申报，所以还需要人工访谈。”

在信息时代，社会管理、公共保障、商业服务等等，都越来越依赖信息系统。如果某一社会成员的信息没有进入系统，一定会“寸步难行”。想象一下疫情之下没有健康码的极个别群众的困境！所以，人口信息不进入系统的情形属于例外，并且一定会越来越例外。

而且，即使有某个社会成员不愿意把信息录入系统，在“人口普查”时更会躲起来、捉迷藏，“超生游击队”就是生动的例子。解决这类问题，获取遗漏数据，肯定不是靠“入户调查”，而是通过法规、政策让群众消除疑虑，尽快享受信息化带来的便利。

（三）“虽然各个系统都有数据，但还没联网。有些部门还不愿提供数据。所以还要普查。”

信息化初期各个系统都存在“信息孤岛”的现象。但是，随着信息化程度的提高，各类数据的共享程度日新月异。特别是面临新冠疫情这一大敌，数据共享的技术壁垒、心理抵触、体制障碍逐一被打破。今天你在广东做的核酸检测，明天在“北京健康宝”就能查到结果，还进入了国家政务信息系统！更何况人口信息统计是国家行为，国家意志之下，无论数据在哪里，都可以查到。

沿用本文开始的例子，在工厂信息还没有完全联网时，如果某一部门不愿意把数据共享出来，影响到全厂职工情况的统计，解决的办法一定不是组建人工调查队，而是让厂领导出面协调，打破部门壁垒。

（四）“人口普查是和平时期最大的社会动员，是队伍的锻炼机会。而且要延续长表、短表、抽样框等一整套体系，怎么能断了?”

飞鸽传书、狼烟烽火、电报传真都曾经是某一时代通信方式的主流，但被现代通信手段，特别是移动通信和互联网替代，也一定是历史必然。技术的进步总在不断推进着人类自身的进化，只不过我们对于技术本身的进步较易理解、接受，对于社会管理方式的相应优化则需要更多的探讨和验证。人口普查确实起过摸清家底、动员社会、锻炼队伍、校准数据、延续体系等一系列重要作用，但是，到了今天，“入户调查”应该、也能够让位于实时的人口信息系统。当然，历次人口普查的数据、队伍、体系等资源都是非常珍贵的，可以在全国人口实时信息的建设、实施过程中起到继往开来、不可替代的作用。

综上所述：人口是最基本的国情，是对重大的经济、社会事项进行决策的最主要依据。随着各个领域的信息化应用的深入，特别是通过抗击新冠疫情，信息技术的应用深度、广度突飞猛进，全体社会成员对信息技术的接受程度空前提高，已经具备了对人口及相关信息实时采集、精准统计、完善决策的技术条件，人口普查这一传统方式应被逐步替代、放弃。一个全国人口信息的实时统计系统，不但对于完善人口发展战略和政策体系，对于制定各个领域的规划、计划，对于推动经济、社会的高质量发展等具有重大而深远的意义，而且，对国情的精准掌握、科学决策和有效运用，更是国家治理体系和能力现代化的主要标志。充分运用现代信息技术，在世界上率先实现人口信息实时普查，意义重大，建议加紧研究，尽快实施。

粤澳深度合作“澳门新港”建设是关键[①]

2021年9月8日

《横琴粤澳深度合作区建设总体方案》（以下简称《总体方案》）的发布，是我国改革开放史的一件大事。《总体方案》中要求“用足用好澳门自由港和珠海经济特区的有利因素”“充分发挥澳门对接葡语国家的窗口作用”，但澳门的现状却是“‘自由港’无港口”，导致“‘窗口’无窗户”。笔者建议：借助珠海高栏港的港口资源，发挥澳门“自由港”，即WTO成员单位、独立关税区的资质优势，在“横琴粤澳深度合作区”（以下简称“深合区”）配置货物贸易、远洋运输、国际结算及相关的产业、企业和机构，建设以“澳门新港”为主体的远洋运输、国际贸易、金融服务中心。

一、深水港缺失是澳门“适度多元化”的瓶颈

澳门在历史上曾是远东最繁荣的商埠之一。16、17世纪的澳门，作为联结着欧洲、亚洲、拉丁美洲的海上丝路贸易大循环枢纽，转口贸易盛况一时无比，葡萄牙人就是乘船而来。当时的澳门，在海上交通、对外贸易和中西文化交流中都起着特殊的作用。但随着海上运输从帆船

① 中央要求横琴粤澳深度合作区“用足用好澳门自由港的有利因素”，但澳门现状却是“‘自由港’无港口”。我提出了由国家主导，在高栏港建设“澳门新港”的建议。本文发表在2021年9月8日财新网。

时代进入轮船时代，集装箱运输方式异军突起，深水港成为口岸标配、刚需，多年来澳门港口集装箱吞吐量（万标准箱）都降为个位数（内地的一些“内河港”都达百万箱），从统计角度已经可以忽略不计。位于南海之滨的澳门已成为航运视角下的“内陆城市”。

没有深水港使得贸易优势衰落，通商功能退化，葡萄牙才尝试在澳门开设被中国内地一贯禁止的赌场。从 1847 年博彩行业合法化始至 1860 年止，澳门地区就建设了 2000 多家各种类型的赌场。随着清朝国力的日益衰败，1887 年葡萄牙强迫清朝签署了《中葡和好通商条约》，名义上继续租用澳门，其实则拥有了澳门地区的管理权，博彩行业在澳门蓬勃发展，逐步成为了澳门的支柱产业。澳门回归后，随着赌牌数量的增加，博彩业的发展势头更盛。

中央政府一直高度重视、持续推动澳门的适度多元化，习近平主席多次要求“横琴要为澳门适度多元化服务”。但是，澳门港口资源的缺失又制约了通商功能，WTO 成员资质的经贸优势都无从发挥，服务业、金融业等都较少应用场景的支撑。而澳门的基础和特点又较难发展科技产业和其他实业。近年来，因与博彩业具备互动效应，会展业在澳门的发展势头良好，这本是“服务贸易”的机遇，但因缺少深水港，没有相应的“货物贸易”支撑，效果也不如人意。相比其他产业竞争优势的逐渐丧失，博彩业则一枝独秀，博彩业以外的人才流失严重，更形成了澳门人才、产业结构单一的现状。与澳门从历史上繁荣一时的贸易口岸到如今以博彩业为支柱产业的原因一样，澳门适度多元化效果一直不明显的根本原因还是缺乏深水港这一“源头活水”。

二、赋予澳门港口资源是“深合区”建设的关键一招

建设“深合区”，在推动澳门适度多元化，开辟新时代改革开放的新窗口，探索和国际接轨制度融合、创新等方面都具有深远的意义。所有这些，都在相当程度上依赖于深水港资源。

如前所述，澳门“适度多元化”的成效不显著的主要原因是缺乏港口资源。当今世界上 80% 的货物都依靠水路运输，深水港口是经贸

中心的刚需和必备。如果通过“深合区”赋予澳门深水港资源，则澳门 WTO 独立成员席位、独立关税区地位、面向欧盟和葡语系国家（总人口约 2.5 亿）的经贸便利等优势都将得到挖掘，与澳门会展业相关的服务贸易优势也会得到进一步发挥，从而带动海运业、进出口业、服务贸易业、金融服务业等的发展，恢复“海上丝绸之路重镇”的雄风，吸引其他相关产业，改变博彩业“一枝独秀”的局面。

我国改革开放的前四十多年，香港是对外交流的主要窗口，起着连接世界的桥头堡、纽带的作用，如内地出口货物一度曾有近半经由香港转口，内地外商投资增量的三分之二都经由香港。所有这些，主要依赖于香港作为航运、贸易、商业、金融中心的地位，其基础就是香港的“深水良港”。新时代改革开放需要开辟新的窗口，澳门应是不二选择。而要作为对外开放的窗口，必须具备以深水良港为基础的航运、贸易、金融等功能。要承担这一历史重任的澳门，理应被赋予港口资源，变“内陆城市”为“海洋城市”。

《总体方案》要求深合区“逐步构建民商事规则衔接澳门、接轨国际的制度体系”，“建立与澳门衔接、国际接轨的监管标准和规范制度”，意味着我国商事、民事等法律、制度和国际相衔接，这是为建设“人类命运共同体”而进行的制度融合的探索、创新，是我国对外开放史上的又一个里程碑。但是，和某一国家的商事、民事制度接轨，前提是和该国的商业往来实务、民事应用场景，这种实务、场景不可能在封闭环境下发生，而要在一个以深水港口为基础、与该国具备通航条件的环境里实现。因此，赋予澳门以港口资源，也是“深合区”建设的制度融合、创新之必需。

有一种观点认为：经过多年的发展，内地很多港口的吞吐量都已经大大增加，如上海港已成为世界吞吐量第一大港。因此，香港的补充、替代等，可以由内地的港口实现，不需要赋予澳门以港口功能。这种观点，忽视了澳门 WTO 独立成员、独立关税区的地位。随着外部环境的日益复杂，我国已经并可能越来越多地遭到反倾销、反补贴、配额等不公正待遇，而通过独立的 WTO 成员区、独立关税区的“转口”贸易，是规避这些不公正待遇的最有效方式。香港的进出口贸易中95%以上都是“转口”贸易，但从去年开始美国已暂停给予香港的独立关税区、出口许可豁免等一系列优惠待遇，不排除美国的盟国、欧盟等仿效的可能。澳门WTO独立成员、独立关税区所带来的转口贸易的功能，是内地任何港口都不能替代的。因此，通过赋予深水港资源，以恢复澳门的“转口贸易港”功能，不但是“深合区”建设之必需，更是我国“双循环战略”的关键步骤。

三、基础设施深度合作：依托高栏港建设“澳门新港”

珠海高栏港区拥有珠江口西岸唯一的深水建港条件。港池面积88平方公里，自然水深8~10米，可利用自然岸线70多公里，可建设1~25万吨码头100多个，设计年货物吞吐量2亿吨。最南端泊位距离国际主航道仅1海里，具备最便捷的国际通航条件。高栏港规划可建港岸线69.6公里，可开发总面积380平方公里，尚有一半土地及海岸线未开发，已开发部分也有近20%的空余。

2009年，为了解决澳门无土地资源，不能满足澳门大学的发展的困扰，中央批准澳门大学在横琴建设新校区，占地1500亩，并授权澳门特别行政区政府在新校区内实施澳门法律和行政体系。借鉴这一创新思路，针对澳门没有深水港这一制约多元化和整体发展的瓶颈，建议在高栏港规划布局“澳门新港”：首先在已建成的区域调整部分泊位和仓储用地作为“澳门新港”的起步，然后在待开发的岸线开辟专区，建设“澳门新港”主港区，按照“境内关外”的方式管理，或授权澳门特别行政区政府在“澳门新港”内实施澳门法律和行政体系。

四、业务支撑深度合作：配置和吸引航运、经贸、结算产业及体系

在高栏港规划建设“澳门新港”，为澳门港口资源提供了“硬件”。但是，澳门因缺乏深水港而导致的进出口贸易业、航运业以及相应的金融服务业的萎靡、衰退已经有100多年，产业、人才、配套体系等基本都属于空白，光给一个“深水港”，还是利用不起来。因此，除了规

划、建设澳门新港的“硬件”，还必须再配备相应的“软件”。建议在“深合区”内配置、吸引相应的航运、经贸、结算产业，引进和培养人才，完善体系：

（一）推动和鼓励航运“央企”（如中国远洋海运集团、招商局集团等）入驻“深合区”，吸引港资、外资航运企业进驻“深合区”，由“深合区”和澳门公司组建航运企业，逐步形成、壮大“澳门新港”的运力。

（二）推动和鼓励外贸央企入驻“深合区”，并把其一定比例的外贸业务（特别是面向葡语系国家和地区的业务）由“澳门新港”承接（据海关总署统计，2020 年 1—12 月中国与葡语国家进出口商品总值 1451.85 亿美元），继而吸引民营、外资的外贸企业进驻“深合区”。

（三）推动和鼓励各类商业银行把与上述航运、外贸业务相关的结算功能配置在“深合区”。对“深合区”内的商业银行和金融机构支撑“澳门新港”的业务，视同“境外金融业务”，以此为基础，探索“深合区”金融管理体制（外汇管理机制、人民币跨境结算等）“一地两制”“一行两制”的全新管理模式，培育“深合区”金融中心功能。

（四）对于入驻“深合区”的航运、外贸、金融、服务企业，不论其所有制性质（是否央企、国企）、企业性质（总公司或子公司）等，都允许享受“深合区”的“双十五”（企业所得税率和个人所得税率均为 15%）税率，并在土地、电费等方面给以适当的优惠、补贴。

在“金海大桥”通车后，横琴距离高栏港仅需十分钟车程，且“公铁两通”，交通便利。

综述：

《总体方案》发布，意味着横琴 106 平方公里的土地进入了粤澳“共商共建共管共享”的前所未有的新阶段，“深合区”的建设要尽快取得实际进展。此时更有必要清醒地分析：粤、澳两地的哪些有利因素，是之前没有被用足、用好的？哪些独特优势，是可以在“深合区”的体制下被挖掘、被发挥的？按照中央的“点题”，澳门 WTO 成员的席位和资质、面向欧盟特别是葡语系国家的经贸优势、与之高度依存的服务贸易优势，由于没有深水港而被制约，“自由港无港口”，是最明显的“短板”，也是最独特的优势。用设立在“深合区”的航运、外贸、服务业和金融结算体系，支撑在高栏港规划建设的、按照“境内关外”方式管理的“澳门新港”，充分利用澳门 WTO 独立席位、独立关税区的特有资质，发挥澳门面向欧盟及葡语系国家的经贸优势，逐步把“澳门 + 深合区”建设成为国际航运、贸易、商业、金融中心，推动澳门适度多元化，带动珠海、珠江口西岸的发展，开辟新时代改革开放的新窗口，探索与国际接轨的制度融合和创新，这就是“深合区”建设的机遇和使命。作为新时代改革开放的国家级战略举措，应由中央政府主导、推动。

附录：

《南方周末》采访问答[①]

2011 年 8 月 14 日

一、人物稿问答

（一）是怎样的力量让你完成了人生“三级跳”，从小电工到“陈老师”再到企业家？而这些角色的转变正是你不断追求、寻求自我突破的人生历程。你如何看待这个人生转变？

答：“三级跳”是记者说的。这些角色只是人生的不同阶段，从精神生活的角度，很难有高低之分。比如，“小电工”时期的单纯于今已不可求，而“陈老师”得到的尊敬和满足也非“企业家”可以企及。我个人更享受的是作为一个知识分子发表意见后得到的响应和尊重。

（二）在这样的人生历程中，有没有比较大的失落的时候？也可以讲讲你最近的一次大失落是什么时候，你是怎样从失落中走出来的。

答：人生的挫折、失落一定多于顺利、得到。支持我走出来的想法，就如我微博所言：“人无远虑，必有近忧。命中的孽障，要靠受苦受难才能消除。”

（三）在那段过程中，什么对你来说是最关键的？

答：最关键的，其实不在于“那段过程中”，而在于你此前已做的

---

① 这是我对《南方周末》采访提纲的回答。

一切。“种瓜得瓜，种豆得豆”，如果在你困难的时候仍然能得到信任和支持，那只能来自于此前你对社会、对他人的付出。

（四）在和资本市场的斡旋中，你有没有把他们的狡诈学过来？

答：不能用“斡旋”“狡诈”这些词。资本市场的规则是成熟的。在资本面前，在资本天然的逐利性面前，每个参与者都是平等的。抱怨资本市场“狡诈”的人，其误区往往是把资本市场当成了施舍机构。

（五）听说你憎恨办公室政治，为什么？

答：曾经有一种说法，西方式的嫉妒是“你比我好，我就要赶上你”，而东方式的嫉妒是“你比我好，我就要搞臭你”，这就是“办公室政治”的危害：扭曲人性，扼杀创造，把人变成狼。但这并不意味着东方人天生比西方人坏，而是由于在东方式体制下，搞臭一个人比赶上一个人容易，于是搞臭别人就成了“最短路线”。我憎恨这种政治，于是，在我能控制的环境中一定会尽力从机制上加以设计，营造良性的竞争环境。

（六）外界对你的评价很高调，捐赠、慈善、提倡低碳等这些事是你自己想做的吗？但是可能有人觉得像作秀。如果你今天不是陈利浩，不坐在这个位子上，你会这样做吗？你怎么看待陈光标？

答：“作秀”是一个中性词，是否正面要看两条：“秀”什么？有没有私心？我提倡低碳，为底层市民的生存状态呼吁，不是炫富，不是为虎作伥，无愧于心；我不做低碳产业，不生产自行车、电动车，没有通过“作秀”谋取利益，无私无畏。在什么位置，都会朝这个方向去做，但程度会有所不同。“正义不被炒作，就会被活埋。”对别人不太了解，无从评论。

（七）你的朋友是些什么样的人？

答：我的朋友有党派的、政协的、媒体的、企业的、摄影的。人以群分，和我基本属于一类的，才能谈到一起、做到一起。

（八）你对财富的态度是怎样的？你喜欢怎样的生活方式？

答：财富只是手段，有了一定的财务自由，你才可以去做自己想做的事；财富也是责任，超过一定额度，你其实是在受社会委托管理；财富不能是负担，思考、率性、纯真等都不能因为财富而变色。我喜欢的生活方式就是“本色”。

（九）如果要分类的话，你觉得自己的风格和哪个企业家比较像？

答：偏向保守、偏爱思辨的那一类。

（十）面对现在的身份，你如何看待我们国家漫长的历史和它的传统以及相关体制？你觉得它和你之间的关系是什么？为什么？

答：我们国家的今天，是历史发展、传统影响的结果。我们每个人都在体制下生活。对于历史、传统和体制，首先应尊重，因为“存在即是合理”；在尊重、适应的前提下，才有可能去进行必要的调整、优化、改变，也因为“存在必求改变”。

（十一）支撑你走到今天的精神资源来源于何处？它是什么？

答：“走你的路，让人们去说吧”，始终是我的座右铭。如果一定要说“精神资源来源于何处”，那就应该是来源于自信，这种自信，建立在对前人思想成果的传承、对客观环境的认识、对自己能力的判断上。

（十二）你最珍视的一种品质是什么？为什么？

答：善良。善良才能真诚，善良必然公正，善良也会勇敢。

（十三）你有没有偶像？是谁？或者说你希望自己是一个怎样的人？

答：希望自己是一个值得他人信任、有能力为社会付出的人。

（十四）你少年时代的梦想是？是否实现了少年时的梦想？

答：少年时想的就是：无论做什么，都要努力去做得出色；差强人意。

（十五）在自己所在领域，期望自己能实现的是？

答：作为一个知识分子，期望自己的思想能得到响应；作为一个参政人士，期望自己的建议能得到采纳；作为一个上市公司董事长，期望公司良性增长，给投资者好的回报；作为一个摄影爱好者，期望能拍出一些独特的作品。

（十六）你对你周围的大的环境满意吗？贫富差距、消费主义、环境污染、金融危机等问题会给你带来焦虑感吗？

答：对发展速度满意，对发展质量不满；对社会效率满意，对社会公正不满。对各种社会、经济问题，会焦虑，但更视为挑战。

（十七）在这种大问题面前，你是否会感到无力？为什么？怎么解释你的这种乐观（或悲观）态度？

答：我持审慎乐观的态度。因为，经济发展的成果、公民的独立和合作意识的苏醒、社会主体的多元化、与国际社会的融合、信息技术的进步等等，都决定了前进的趋势不可逆转。

（十八）如果中国人有所谓的劣根性或者国民性，那你觉得是哪些品质最让你厌恶或者藐视？

答：历史上的政治运动养成的“狼性”。

（十九）你在微博上说：“关于信仰。无论出于内心安宁还是社会稳定，有一种不管什么样的信仰（邪教除外）都好于一无所信。相信前世较能随遇而安，相信来世就会积善行德，‘我死后哪怕洪水滔天’一定肆无忌惮。”——这是何解？你的信仰是？

答：我想表达的是：如果社会成员之间只用赤裸裸的利害标准自我衡量和互相衡量，这个社会是没有希望的。有信仰，才有追求，有约束，有寄托。我信仰的是善良、民主和科学。

（二十）您对宗教信仰怎么看待？

答：只要教义的核心是“善”，有信仰总比没信仰好。对于个人，意味着内心的安宁、终极的寄托；对于社会，则是精神层面的统一、相安无事的稳定。

二、同题问答

（一）您觉得物质在您的精神生活中占据什么位置？

答：从一般的意义上，物质是基础。这可以从两方面理解：从认识论上，物质第一性，精神第二性；从人的生存状态上，“仓廪实则知礼节，衣食足则知荣辱”。

但是，这都是相对的，按我对精神生活的理解，没有直接的“物质”体验，也可以通过他人的经验间接认识世界；“达”固然可以“兼济天下”，“穷”也至少应该“独善其身”。

（二）丰富的精神生活给您带来最大的体验是什么？

答：追求“自由之思想”的快感、“独立之精神”的优越。

（三）对精神生活的重视，是由来已久，还是偶然事件使之？

答：非偶然使之。因为这是人优越于动物的根本。一个作家讲过这样一句话：“吃鲍鱼开宝马挎LV的猪它也还是猪。”话糙理不糙。

（四）讲述一件您认为自己体验最深刻的精神生活？

答：举一个“入世”一点儿的例子：通过对发展模式的思考，在国内较早提出了“发展低碳经济”的建议，成为我所在的九三学社的一个品牌，为我国经济社会的发展发挥了一定的作用。

（五）您喜欢和朋友分享自己精神生活的体验吗？

答：喜欢。能分享精神生活的朋友才是朋友。

（六）您怎么看待人的精神孤独？您怎么排解这种孤独？

答：从主体上，精神的体验、自由的思想，需要的正是孤独；从需求上，人最终也只能期待自己。因此，孤独是人的本质，因为世界上只有这一个“我”。所谓“排解”，只是个人对精神生活的一种调剂。

（七）纵观中华历史，横观当今世界，不少人认为中国人的精神生活位于前所未有、世所罕见的低谷，对此你怎么看？或者说，你觉得应为此做些什么？

答：我不觉得是“世所罕见的低谷”。不能把眼光只盯住伟人和大家，精神复兴的希望在民间。特别是微博等信息传播手段的迅猛发展，使得思想的表达、传播、聚集等效果空前，人民思想的结晶一定能使民族精神屹立于世界主流价值之林。

（八）您怎么看待那些精神生活贫乏的人？

答：不能说是“贫乏”，只是和我们的方向不一、关注点不同。

（九）您有阅读的习惯吗？您的阅读书单是？

答：有。我订阅的报刊有：《读书》《南方周末》《南方人物周刊》《三联生活周刊》《新民周刊》《中国新闻周刊》《文学自由谈》《随笔》，以及一些文学、摄影杂志。我还会购买每期的《读库》。最近读过的书有：《沉思录》《沉浮与枯荣》《祖国的陌生人》《大法官说了算》《自由在高处》等。

（十）你是怎样泛起捐款给伊伊的爱心的？

答：温州动车事故发生后，我一直关注着救援的进展。小伊伊的得救，牵动了全国人民的心，我开始考虑用什么样的方式给她以一定的帮助。7 月 26 日上午，我看到了关于邵队长坚持在轨道上清理才使小伊伊有了得救机会的第一条报道，马上就决定用微博转发捐款的方式，既向邵队长致敬，也向小伊伊示爱。这条微博破了历史纪录，到今天还有网友在转发。

（十一）你之前为提倡低碳环保，主动捐出 100 辆自行车等主动做慈善、公益的行为，是出于寻求心里的一点平衡感吗？

答：不是出于平衡感，而是传递价值观。发起微博转发，是在提倡“以人民的生命为最高命令”；捐出自行车、发动“百名政协委员单车赴会”，是在提倡“低碳交通，低碳发展”。这些行为，都不是单纯意义的“慈善”。

（十二）慈善和公益这两种行为对你的生活带来怎么样的变化？它算不算你的精神生活呢？

答：通过各种方式（包括慈善和公益），倡导和践行符合人性和历史规律的价值观，推动社会的不断进步，这是每个公民的责任。既是精神生活，更是社会实践。

（十三）对于你现在的地位和身份，你觉得精神生活、心中有爱是一种品质吗？

答：对于我，精神生活不仅是一种品质，更是一种需要。每个人心中都会“有爱”，只不过方式、对象、程度各不相同。

后　记

拙作出版，仰仗大德。

“微言”始于恩师指点。从2008年开始，我的几次建言就得到原九三学社中央韩启德主席的高度重视和指点，我也有幸成为社中央参政议政队伍的一员。2017年后，社中央武维华主席每年都给我参加党派重点调研的机会，让我在更高的层面上学习、思考，并对我提出的具体建议鼓励肯定、精心指导。社中央邵鸿常务副主席更是从选题、论证、对策等各方面对我的有关建议谆谆教诲，本书《序》中列举的事例大多都凝结着他的心血。九三学社从中央到地方各级组织的领导、专家对我的指导和帮助更是无法一一致谢。

“微言”受益党派平台。作为中国特色社会主义参政党，民主党派为每个成员的建议提供了制度化的途径，可以在更高的层面引起关注、发挥作用。我最初在珠海市政协的提案，就是在社中央的重视下不断完善、深化，成为在广东和国家层面的建言。我的其他建议，不少都通过直通车、高层协商、党派提案、政协大会发言等形式得到表达。连我在媒体发表的文章，都时由党派组织推荐。我的社会公益活动，更是完全仰赖各地九三组织的辛劳。

“微言”源自思想引领。革命导师的经典著作，中国共产党的理论创新，是我们思考、建言的泉源和遵循。习近平新时代中国特色社会主义思想，更是新时代参政议政的指引。本书中的十余篇文稿，都是我或现场聆听、或书面学习领导人报告、讲话后的体会。中国特色社会主义伟大实践对马克思主义的理论创新、理论创造，是我们最为宝贵的、受之不尽的思想营养和理论富矿。我的“低碳”建议，遵循的就是时任广东省委汪洋书记“珠海要走一条和珠三角其他城市不一样的生态发展道路”的要求，党委政府的领导，各级政协的平台，特别是统战部门的指导，是参政议政之本。

这一代人是幸运的，因为我们经历、参与了人类历史上体量最巨、变化最大的社会经济变革；民主党派成员是幸运的，因为我们在世界第一规模的百年大党领导的统一战线中发挥着不可或缺的作用；我个人更是幸运的，从精神上获得了诸多恩师高人的指点，从产业上受益于基本经济制度的坚持；这本小书也是幸运的，得到了这么多贵人的“加持”。无以为报，只能“以百倍的努力继续工作，报答党派，报答社会，为发展中国社会主义协商民主和实现中华民族伟大复兴贡献力量”。

陈利浩

2021 年 12 月 16 日

图书在版编目(CIP)数据

微言集／陈利浩著. －－北京：中国文史出版社，2022.1

ISBN 978－7－5205－3439－0

Ⅰ.①微… Ⅱ.①陈… Ⅲ.①时事评论－中国－文集 Ⅳ.①D609.9－53

中国版本图书馆 CIP 数据核字(2021)第 252867 号

责任编辑：薛媛媛

出版发行：**中国文史出版社**

社　　址：北京市海淀区西八里庄路 69 号院　邮编：100142

电　　话：010－81136606　81136602　81136603（发行部）

传　　真：010－81136655

印　　装：廊坊市海涛印刷有限公司

经　　销：全国新华书店

开　　本：720×1020　1/16

印　　张：16.75　　字数：228 千字

版　　次：2022 年 1 月第 1 版

印　　次：2022 年 1 月第 1 次印刷

定　　价：58.00 元